Ahora, cambio de rumbo

ALEJO VIDAL-QUADRAS

AHORA, CAMBIO DE RUMBO

Agenda urgente para recomponer España

Planeta

Diagonal, 662-664, 08034 Barcelona (España)
www.editorial.planeta.es
www.planetadelibros.com

Primera edición: enero de 2012
Depósito Legal: M. 47.014-2011
ISBN 978-84-08-00356-4
Composición: Víctor Igual, S. L.
Impresión y encuadernación: Huertas Industrias Gráficas, S. A.

El papel utilizado para la impresión de este libro es cien por cien libre de cloro y está calificado como **papel ecológico**

A Amparo, sin cuya inteligente selección de
los textos y cuidadosa preparación del
original este libro no hubiese sido posible

Índice

Introducción

> Voz del que clama en el desierto: preparad el camino del Señor, enderezad sus sendas.
>
> Evangelio de san Marcos 1, 3

> Por la debilidad de la naturaleza humana, los remedios son siempre más lentos que los males.
>
> TÁCITO

El viento arrasador que se levantó en Wall Street hace cuatro años no ha dejado de soplar sobre el mundo desde que los norteamericanos descubrieron que millones de titulares de hipotecas eran insolventes, y que este hecho perturbador había infectado el conjunto del sistema financiero con productos tóxicos de tremendo poder corrosivo. Una crisis que empezó siendo de liquidez se transformó pronto en una crisis de solvencia que generó, a su vez, una crisis económica general que al alcanzar de pleno a España nos sorprendió entretenidos en toda suerte de futilidades mientras un Estado políticamente inmanejable y presupuestariamente inviable se deshacía ante nuestros ojos atónitos. Pocos ejemplos se pueden encontrar a lo largo de la historia de una sociedad que haya pasado de forma tan rápida del optimismo al desaliento, de la prosperidad a la estrechez, del prestigio a la marginalidad y del liderazgo a la irrelevancia. El derrumbe económico ha dejado al desnudo nuestra tremenda fragilidad institucional y nuestro extremo declive moral. Hoy somos un país desnortado que contempla con una mezcla temblorosa de incredulidad y desesperación cómo su riqueza se ha evaporado, cómo varios millones de sus ciudadanos han perdido su empleo, cómo su ordenamiento constitucional hace aguas, cómo su sistema de bienestar se cuartea y cómo, en definitiva, su horizonte se estrecha y se oscurece. La esperanza que sin duda representa la nueva mayoría política surgida del pasado 20 de noviembre aparece tan lastrada por la profunda pérdida de confianza que padecemos que el ánimo de los españoles tardará un tiempo en recuperarse. El gobierno de centro-derecha que se pone al timón del Estado deberá dirigir una nación que necesita, además de un programa ambicioso de reformas y una gestión eficaz y honrada, una terapia integral que la recomponga psicológica y éticamente.

Este desastre, cuyo precedente histórico más inmediato podría ser el gran fracaso colectivo de 1898, ha alumbrado una parca pero muy valiosa literatura regeneracionista en la que destacan con luz propia, por su calidad y su claridad, seis notables contribuciones. Me refiero al Segundo Informe Recarte; a la publicación del Colegio Libre de Eméritos *España en crisis*; al Informe del Foro de la Sociedad Civil *España, el final de una época*; a la propuesta *Transforma España*, de la Fundación Everis;[1] al

1. En estas mismas fechas, Ediciones Destino publica *Las claves para transformar España*, de Eduardo Serra, con la colaboración de Marc Alba y David García, libro basado en el informe citado por el autor. *(N. del e.)*

opúsculo de Óscar Alzaga *Del consenso constituyente al conflicto permanente*, patrocinado por la Fundación Alfonso Martín Escudero; al ensayo de Lorenzo Abadía *Mando a distancia*; y al más reciente *Nada es gratis*, de Jorge Juan, seudónimo de seis prestigiosos economistas españoles.

Este volumen, que refleja ideas, advertencias y reflexiones mías reiteradamente expuestas a lo largo de los últimos cinco años, se sitúa en este marco conceptual y casi me atrevo a decir que profético en el que unas pocas voces han —hemos, prescindiendo de la modestia— venido señalando las graves deficiencias de nuestro sistema político, de nuestro sistema institucional, de nuestro sistema productivo y de nuestro sistema de valores para llamar tan incansable como infructuosamente a una reacción decidida de la sociedad civil y de sus élites que pusiera freno a la innegable decadencia en la que nos hemos ido hundiendo e impulsara las medidas indispensables para retomar el camino de la responsabilidad, la racionalidad y el patriotismo.

La actividad política se realiza, o se debería realizar, sustentada por un fundamento axiológico y una visión antropológica. La política concebida y ejercida como pura profesión, como la técnica fría y desprovista de pasión para conseguir el poder, mantenerlo y explotarlo, envilece moralmente al político y lo empobrece intelectualmente. El arte del buen gobierno no se puede practicar ni contra la realidad del mundo ni contra la auténtica naturaleza del ser humano, limitado por su contingencia y exaltado por su deseo incontenible de trascendencia. Por consiguiente, es obligación del que desempeña responsabilidades públicas gracias a la confianza otorgada por sus conciudadanos no sólo tener bolsillos transparentes, sino dar a conocer sus convicciones profundas de tal manera que sus eventuales votantes sepan, además de qué se dispone a hacer, cuáles son los principios y las convicciones que guían su acción. Por eso, junto a mis reflexiones sobre la crisis, he incluido en este libro, en forma de apéndice, algunos discursos y conferencias dedicados a otros varios aspectos de mis afanes a lo largo y ancho del planeta al servicio de una concepción liberal-conservadora que la experiencia histórica ha demostrado que es la más capaz de proporcionar a las sociedades los niveles de prosperidad, estabilidad y seguridad requeridos para posibilitar a sus integrantes una vida razonablemente digna, confortable y pacífica.

Este breve volumen sintetiza mis modestos esfuerzos para propagar estas ideas y para concienciar a nuestros conciudadanos de la necesidad de que adquieran vigencia. Consagremos a partir de hoy nuestra voluntad indeclinable a levantar un país caído que merece sin duda un destino mejor que la disgregación y la pobreza material y moral. Si grandes son los males que nos acucian, grandes han de ser también los remedios que nos salven.

Son ya veintitrés años acumulados en sucesivas cámaras legislativas, el Parlamento de Cataluña (1988-1999), el Senado (1995-1999) y el Parlamento Europeo (desde 1999), sin olvidar cuatro años en el Ayuntamiento de Barcelona (1991-1995). Nunca he tenido responsabilidades ejecutivas, por lo que puedo decir que mi labor ha consistido siempre en participar en la elaboración de normas, no en tomar decisiones de gobierno. Estoy acostumbrado a sentar reglas, no a mandar. Imagino las sensaciones que debe despertar el descolgar el teléfono para cursar una instrucción, o tomar la pluma y firmar un papel en virtud de cuyos actos cantidades ingentes de dinero materializan este o aquel fin específico o determinadas personas cumplen de inmediato órdenes precisas. Estoy seguro de que debe de ser embriagador y excitante, pero no experimento ningún género de frustración por no haber regido un ministerio, una consejería o una corporación local.

De hecho, las tareas que he llevado a cabo desde que me dedico a la política se parecen bastante en términos metodológicos a las que me ocuparon durante mis dos décadas de vida académica, investigadora y docente antes de presentarme por primera vez a unas elecciones: estudiar un problema, documentarlo, entenderlo y a continuación buscar una solución expresada en forma de ley o de reglamento. Al fin y al cabo, una ley se asemeja en buena medida a un teorema o al resultado de una medición. Esta estructura mental, la del científico y el investigador, presenta ventajas e inconvenientes a la hora de entregarse a la política. Por una parte, se sufre mucho al contemplar la irracionalidad, la frivolidad y la precipitación de muchas decisiones; por otra, se cometen menos disparates. El día que un antiguo científico metido a político empieza a olvidar su anterior profesión pierde un magnífico bagaje que le ayudaría valiosamente a gobernar o a legislar correctamente.

A lo largo de los últimos cinco años he escrito muchísimo y he hablado en incontables ocasiones a audiencias de todo tipo sobre variados temas. No exagero si digo que de 2006 hasta ahora habré publicado no menos de ochocientos artículos y columnas, y habré pronunciado unas doscientas conferencias, charlas y discursos. Digamos que ofrezco en este libro una destilación de mi trabajo de reflexión y análisis condensando fielmente lo que pienso y siento sobre cuestiones que me motivan. Espero que los lectores sean benévolos conmigo y extraigan algún provecho de mis modestas aportaciones. En cualquier caso, vaya de antemano mi agradecimiento por dedicarme una fracción de su valioso tiempo.

1. Las bases ideológicas de la izquierda posmarxista y el legado de ZP

Antes de entrar en el examen de la crisis múltiple y profunda que atravesamos, resulta esclarecedor el ejercicio de rastrear el origen intelectual de tanto disparate y situarlo en el conjunto de las ideas dominantes en nuestra época. Hace casi ocho años que el PSOE volvió al poder, y unas pocas semanas que lo ha vuelto a perder, por lo que disponemos de información abundante para hacer un balance de su segunda etapa de gobierno desde la Transición. Se ha dicho que ZP ha sido puro oportunismo, que su único objetivo ha consistido en conservar el poder y que ha carecido de principios o de fundamentos conceptuales más allá de cuatro lugares comunes progresistas. Se le ha calificado de «indigente intelectual» y, desde luego, no se le conoce obra escrita de mérito. Su discurso ha acostumbrado a ser argumentalmente deslavazado, plagado de énfasis erráticos y pausas desubicadas, sintácticamente defectuoso y retóricamente débil. Ha sido reiteradamente acusado de carecer de una doctrina sólida y bien trabada, al estilo de lo que fue la Tercera Vía de Tony Blair o el cuerpo de pensamiento propio de la socialdemocracia alemana de Willy Brandt y Helmut Schmidt. La llamada Nueva Vía con la que se alzó a la secretaría general del PSOE en su XXXV Congreso sonó en su momento como una ristra de eslóganes huecos y tópicos blandamente izquierdistas sin mayor contenido u originalidad. Se ha afirmado también que ZP ha sido más una marca en el sentido comercial que un proyecto en el sentido político.

En este descorazonador contexto cabe preguntarse, pese a todo: ¿ha existido una base filosófica subyacente al zapaterismo? ¿Podemos hablar de una agenda ideológica que ha inspirado las políticas de los sucesivos gobiernos de Zapatero? ¿Ha tenido ZP en mente un modelo de sociedad y una visión para España? Son interrogantes pertinentes a los que conviene hallar una respuesta. Al fin y al cabo, estamos hablando de alguien que ha manejado a placer el Boletín Oficial y los Presupuestos Generales del Estado y cuyos aciertos y errores nos han conducido a la situación presente. Jesús Trillo-Figueroa, Gustavo Bueno, Pío Moa, Álvaro Delgado-Gal y Enrique de Diego, entre otros autores, han investigado este asunto y han publicado libros muy esclarecedores al respecto.

Aunque urgidos por la necesidad de resolver perentorios problemas concretos, no hemos de perder la perspectiva que dan las teorías, los sistemas de pensamiento, las concepciones antropológicas y los esquemas éticos. No en vano las ideas cuentan, y mucho. Eugenio Trías escribió en *La razón fronteriza* que «las ideas y los pensamientos mueven el mundo, pero lo hacen de manera discreta, silenciosa, y a un ritmo temporal extremadamente lento». A veces, esta ocultación es deliberada y el sigilo es parte de la estrategia. Por eso es necesario desvelar los elementos axiales de la ideología *zapateril*, para entender sus acciones específicas, sortear sus trampas y evaluar los grandes peligros que implica. Tal como nos recuerda el gran *maître à penser* catalán, las ideas cambian nuestras vidas, y el hecho protector de que su implantación requiera en ocasiones una o varias generaciones va acompañado de la constatación dolorosa de que, cuando son equivocadas, los períodos de tiempo necesarios para corregir sus efectos nocivos resultan también muy dilatados, y eso es algo que el nuevo gobierno de centroderecha debe tener muy en cuenta.

Hace la friolera de veinte años, el 26 de septiembre de 1991, intervine como presidente del Grupo Parlamentario Popular en el debate de política general que se celebró en esa fecha en el Parlamento de Cataluña, y en el inicio de mi discurso pronuncié una afirmación categórica: «El socialismo ha muerto», fueron mis palabras. Y añadí que no sólo el llamado «socialismo real» imperante durante la mayor parte del siglo XX en la Unión Soviética y sus satélites había pasado a mejor vida, sino que la socialdemocracia europea occidental también llevaba plomo en el ala, en la medida en que era una rama del árbol que el viento de la historia acababa de arrancar de cuajo. Recuerdo que el entonces jefe de filas de los socialistas catalanes, Raimon Obiols, reaccionó airadamente, con lo que demostró, por cierto, muy poco aguante. Pero no éramos sólo los representantes del liberalismo los que señalábamos el final del socialismo a principios de los noventa, sino que destacados pensadores de la izquierda como Alain Touraine y Anthony Giddens habían llegado a la misma conclusión en una encomiable muestra de lucidez.

En efecto, varios factores relevantes contribuyeron a esta funeraria percepción en el último cuarto del siglo pasado: la crisis del Estado-Providencia, ahogado por el tremendo déficit que generaban sectores públicos desmesurados; el fallo estrepitoso de las profecías marxistas sobre el colapso del capitalismo debido a sus supuestamente insalvables contradicciones internas; y los vertiginosos cambios sociales, económicos y tecnológicos de un mundo aceleradamente globalizado que habían enviado los planteamientos clásicos de la izquierda —lucha de clases, colectivización de los medios de producción, revolución del proletariado, planificación centralizada de la economía y demás dogmas polvorientos— al desván de las construcciones ideológicas obsoletas. El Nuevo Laborismo de Tony Blair fue un intento loable y bastante conseguido de adaptar el socialismo democrático a los tremendos cambios que habían sepultado al comunismo. Sin embargo, dos décadas más tarde de la prematura proclamación del fin de la historia y de las ideologías, el socialismo sigue políticamente rampante y capaz de ganar elecciones en los países industrializados en cuanto se le presenta la oportunidad. Entonces ¿qué tipo de socialismo es el que ha sobrevivido?, ¿cuál es su genealogía y qué es lo que conserva del fallecido con la caída del Muro de Berlín en 1989?

El espectáculo de Rodiezmo en el que el Zapatero anterior a la crisis recurría a un lenguaje demagógicamente reivindicativo, anunciaba ayudas a la minería del carbón a la vez que proclamaba la lucha contra el cambio climático como la gran empresa de nuestro tiempo y se hacía acompañar de Alfonso Guerra, Leire Pajín y Bibiana Aído con pañuelo rojo al cuello, cantando *La Internacional* y levantando el puño por los pobres de la Tierra, ¿qué significado tenía?

Semejante ceremonia de la confusión requiere una clarificación de los pilares conceptuales y morales sobre los que se asienta. La turba abigarrada de levantadores de barricadas antiglobalizadoras, actores filocastristas, multiculturalistas despistados, escritores airados, tertulianos intemperantes, pacifistas floridos, dialogadores con terroristas y okupas mugrientos que han trotado tras un Zapatero convertido en el flautista de Hamelín de las huestes progresistas, ¿a qué esquema mental responden?, ¿poseen una *Weltanschauung*?, ¿qué criterios aplican para distinguir lo que está bien y lo que está mal?, ¿qué valores defienden?, ¿qué concepción del ser humano y de su vida en sociedad ha sustentado un presidente del gobierno que se declaraba «rojo, feminista y utópico»? Desentrañar estos enigmas es clave para entender lo que ha sucedido en España desde el 14 de marzo de 2004, para adivinar adónde nos ha llevado este delirio de demoliciones y para decidir si podemos consentir pasivamente que perduren los efectos deletéreos de tal aquelarre o si, por el contrario, debemos movilizarnos antes de que únicamente queden escombros humeantes de lo que fue una gran nación y una sociedad vertebrada, cuajada de esperanzas y capaz de esforzarse por mantener su prosperidad y por elevar su nivel ético.

Hay una circunstancia curiosa que es interesante señalar a la hora de enjuiciar la coyuntura por la que transitamos. Los respectivos líderes de los dos períodos de gobierno socialista de las últimas tres décadas, Felipe González y José Luis Rodríguez Zapatero, han seguido en su senda hacia el poder trayectorias estratégicas inversas en el terreno de las ideas. Felipe partió de posiciones marxistas radicales, el célebre programa máximo del PSOE, y evolucionó hacia una socialdemocracia pragmática, realista, europeísta y moderada. Desde un planteamiento de arranque rupturista fue derivando a enfoques claramente reformistas y supo adaptarse a las necesidades del guión del cambio desde un régimen autoritario hasta otro democrático de tal manera que la transformación implicase los menos traumas posibles y pudiese realizarse sin violencia.

La Constitución de 1978 representó el primer intento serio de nuestra historia contemporánea de articular un sistema institucional y un orden jurídico en el que todos los sectores políticos y sociales de la nación se sintiesen acogidos. Es justo reconocer que la contribución de Felipe González y del PSOE de finales de los setenta a este notable logro fue decisiva. ZP, en cambio, ha recorrido la senda que va de la secretaría general de su partido a La Moncloa en sentido contrario al que eligió en su día su carismático predecesor. Emergió del anonimato cubierto con piel de cordero y, una vez ganadas las elecciones, mostró su verdadero rostro: extremista, iconoclasta, revanchista y sectario. Felipe puso en juego su futuro político con su dimisión de la secretaría general tras el XXVIII Congreso de su partido, puesto que recuperó en el Congreso extraordinario subsiguiente. El motivo de aquel conflicto interno fue inequívocamente ideológico. El ala radical del partido se aferraba a la ortodoxia marxista e impulsaba un proyecto revolucionario con todos los componentes clásicos de aquélla: nacionalizaciones, autogestión obrera, lucha de clases, redistribución igualitaria de la riqueza y avance sin concesiones hacia una sociedad auténticamente socialista. El sector de Felipe proponía, en abierto enfrentamiento con los radicales, una línea semejante a la desarrollada por el SPD alemán, su mentor y patrocinador, según la cual la misión de los socialistas no era acabar con el capitalismo, sino pulir sus aristas y corregir sus disfunciones mediante políticas fiscales redistributivas, pero no confiscatorias, y políticas sociales que garanticen a todos los ciudadanos los servicios básicos de educación, sanidad, cobertura por desempleo y jubilación a cargo del Estado.

En el campo de la política exterior, el desplazamiento desde un pacifismo internacionalista a un realista atlantismo ejemplificó, también de forma muy llamativa, la profundidad y el alcance de la mutación experimentada por el socialismo español. A Felipe se le reprochó esta capacidad adaptativa y se le acusó de haber traicionado a la izquierda y de haber abandonado su doctrina con fines estrictamente utilitarios. Sin embargo, hay que recordar que se presentó a las elecciones de 1982 después de replantearse su posición ideológica y que, desde entonces y hasta su derrota en 1996, se mantuvo en idénticas coordenadas intelectuales y conceptuales, a saber: la combinación, por un lado, de un plano teórico en el que se mantenían los principios y objetivos del socialismo democrático convencional y, por el otro, de una praxis flexible en la que dichos principios y objetivos se modulaban o se posponían en función de las necesidades electorales y de la realidad económica y social.

Zapatero, en franco contraste con González, ha recurrido al engaño sistemático, tanto en 2004 como en 2008. Primero proyectó una imagen impregnada de buen talante y de socialismo cívico inspirado en el republicanismo de Philip Pettit, que contrapuso al supuesto autoritarismo de Aznar, al que la propaganda socialista pintó con los colores más desagradables como una persona soberbia, inaccesible, belicista y neoliberal carente de sentimientos. Su ejecutoria de gobierno pronto puso en evidencia que el ZP amable, dialogante y razonable en la oposición escondía un iluminado intransigente dispuesto a laminar al que se le pusiera por delante. Es ilustrativo recordar en este punto sus palabras de clausura del XXXV Congreso del PSOE: «No practicaremos ni la crispación, ni la infamia, ni la injuria. No buscaremos la destrucción de nuestros adversarios, porque ellos también son parte necesaria de esta sociedad.» Los acontecimientos de los días 11, 12 y 13 de marzo de 2004, el abuso del término «derecha extrema», las analogías con el franquismo, el Pacto del Tinell y la invocación a los cordones sanitarios demostraron enseguida que la sinceridad no ha sido una de las virtudes más destacadas del inefable ZP.

También en relación con la fiabilidad que merece el anterior presidente del gobierno, es útil reproducir sus declaraciones a Julia Navarro tres años antes de ganar las elecciones de 2004: «Yo no quiero construir sobre los escombros del gobierno anterior; quiero hacer crecer el edificio, quiero que buena parte de lo que ahora se haga sean buenos cimientos para un proyecto de futuro. Si cada gobierno destruye todo lo anterior, absolutamente todo, será muy difícil que prosperemos.» A estas seráficas intenciones siguieron la revocación del Plan Hidrológico Nacional y de la Ley de Calidad de la Educación, así como la retirada abrupta de nuestras tropas de Iraq y el nuevo Estatuto de Cataluña. La conclusión a que nos llevan estos episodios es que ZP ha sido invariablemente coherente en una cosa: siempre ha hecho lo contrario de lo que ha anunciado, salvo cuando ha acometido iniciativas por sorpresa sin haberlas aireado previamente.

Es crucial darse cuenta de que la llegada de Zapatero marca una fuerte inflexión conceptual. Inmediatamente después de su victoria electoral de 2004, el presidente del gobierno declaraba: «Hay que gobernar con principios, hay que sacar adelante un proyecto político con valores profundos. No creo en el pragmatismo; el pragmatismo es siempre un recurso para esconderse ante las dificultades.» «No creo en el pragmatismo», éste es un elemento central para calibrar el personaje que se ha sentado a la cabeza del Consejo de Ministros hasta el pasado 20 de noviembre. Comparemos con la respuesta dada por Felipe González en una rueda de prensa en 1987 a una pregunta en la que se le solicitó su definición de la ideología socialista: «Si se es o no socialista, eso hay que referirlo a problemas concretos... No vale la pena detenerse en si una política es conservadora, liberal o socialista. A mí me preocupan las pérdidas de las empresas públicas porque son de todos.» Y a continuación, en ese mismo encuentro con periodistas, se descolgó con su célebre cita de Deng Xiaoping, el líder chino que enterró la era Mao: «Qué importa que el gato sea blanco o sea negro con tal de que cace ratones.» Hemos de tomar nota de esta diferencia esencial porque tiene consecuencias graves, según hemos comprobado amargamente durante las dos últimas legislaturas. Felipe se comportó invariablemente con un cinismo descarado, pero estuvo siempre dispuesto a plegarse a la realidad. Zapatero, cuando la realidad se ha opuesto a sus designios, simplemente la ha ignorado o la ha atropellado. El núcleo de la lamentable situación en la que nos debatimos no reside en que ZP no haya creído en el pragmatismo; el meollo de la crisis española es que Zapatero no ha creído en la realidad. A partir de aquí, cualquier catástrofe era y ha sido posible.

Otro aspecto interesante para entender la estructura ideológica del proyecto de Zapatero lo proporciona la historia reciente de las tomas de posición del PSOE en los debates teóricos de la izquierda europea de finales del siglo XX. Entre el postsocialismo a la francesa —tal como lo concibió Alain Touraine, estrechamente emparentado con la rama radical de los socialistas alemanes, cuyo ideólogo fue Claus Offe, y que tuvo un completo fracaso electoral con Oskar Lafontaine de candidato— y la Tercera Vía —inspirada en el pensamiento de Anthony Giddens y de Ulrich Beck, triunfante en las urnas por tres veces consecutivas en el Reino Unido con Tony Blair como cabeza de cartel—, el PSOE felipista no se inclinó de entrada por ninguna de las dos corrientes. La primera le parecía excesivamente idealista y alejada del posibilismo necesario para ganarse a la mayoría de los votantes y la segunda la juzgaba demasiado próxima a las tesis del liberalismo en lo económico y lo social e inquietantemente conservadora en temas como la familia o la seguridad ciudadana.

El catecismo de Felipe se concretó en el *Manifiesto para una nueva izquierda europea*, del alemán Peter Glotz, editado en español a bombo y platillo por la Fundación Pablo Iglesias en 1987 y prologado por el propio González, a la sazón en la cúspide de su gloria. En este texto, Felipe rechazaba sin ambages la alianza del Partido Socialista con los llamados nuevos movimientos sociales, el feminismo, el ecologismo, el pacifismo..., tan cara al postsocialismo, y la tildaba de «extraña». Las notas distintivas de este marco conceptual fueron el individualismo solidario, el aprovechamiento masivo de las nuevas tecnologías TIC y lo que Felipe llamó «la expresión de viejas verdades con el lenguaje de debates nuevos». Evitando la arcaica orientación marxista, el PSOE del período felipista prefirió a la postre ser visto como el auténtico heredero de la Ilustración, siguiendo en esto a Habermas, y como el impulsor en España no de la revolución proletaria, sino de la modernizadora revolución burguesa aún pendiente, desde su óptica, en nuestro país. La síntesis de este enfoque queda perfectamente encuadrada en el siguiente párrafo del ensayo de Manuel Castells *El nuevo modelo mundial de desarrollo del capitalismo y el proyecto socialista*, publicado asimismo en 1987:

> La productividad histórica de los movimientos sociales reside en su capacidad de pensar lo impensable, mientras que la capacidad de cambio de un proyecto político se mide por su eficacia en realizar lo posible y elevar el techo histórico de lo deseable... La madurez de un proyecto socialista se funda en su capacidad para mantener la tensión entre la política y la utopía, sin pretender la fusión de las dos en una misma práctica, ya que en el fondo dicha fusión, como la historia demuestra, es cuna del mesianismo político y por tanto del totalitarismo.

Es una lástima que en la mesilla de noche de Zapatero no haya descansado más a menudo Manuel Castells y menos Suso de Toro.

Aunque empeñado en programas de gobierno de predominio neto del sector público y de creciente control de la sociedad, el paradigma ideológico del felipismo fue el de una socialdemocracia posibilista, moderna y democrática, nítidamente distanciada tanto de las periclitadas utopías marxistas como de los excesos desordenados de la contracultura sesentayochista. Los tiempos del «mesianismo» y de la imposición de lo «impensable» estaban todavía por llegar. Hoy sabemos ya que llegaron y sufrimos lo que nos han legado.

La derrota de 1996 a manos de un Aznar que venía armado de un poderoso utillaje intelectual fabricado con todas las piezas del resurgir liberal reaganiano-thatcherista y dispuesto a hacer que España funcionase, pero esta vez de verdad, sumió al PSOE en una depresión profunda, que lo arrastró a un patético e improvisado intento de regreso a sus orígenes marxistas y al programa común de la izquierda con el que afrontó los comicios del año 2000, encajando un varapalo de antología. Éstos son los antecedentes de la era Zapatero y, sobre ellos y la experiencia dimanada de los mismos el ínclito ZP se dispuso a recuperar el terreno electoral perdido, devolver la moral a un partido hundido que había perdido la confianza en sí mismo y volver a ganar las elecciones.

El PSOE se enfrentó a partir del 2000 con dos problemas: encontrar un líder que reuniera los requisitos de carisma y capacidad de comunicación necesarios para volver a alcanzar el éxito y, en paralelo, dotarse de un bagaje doctrinal coherente y atractivo. El primer desafío lo resolvió con una operación magistral de mercadotecnia fabricando a partir de un diputado desconocido y de pasado vacío una marca ganadora. El segundo lo acometió de forma más elaborada y por etapas. Inicialmente, la Nueva Vía que ganó el XXXV Congreso no dio demasiadas pistas aparte de un combinado difuso de buenismo, optimismo, republicanismo cívico y cambio tranquilo. Esta receta de sabor agradable y de contenido ligero tenía como propósito enmascarar con un envoltorio de apariencia atractiva una agenda ideológica oculta de considerable ambición y enorme virulencia. Algunos signos pronto anunciaron las oscuras amenazas que se cernían en el horizonte. Zapatero negó de salida, separándose en esto netamente del Nuevo Laborismo británico, que la familia estuviera en crisis. En su entrevista-libro con Julia Navarro afirmó: «No creo que la familia esté en crisis, a no ser que hablemos de la familia tradicional y hablemos de crisis por el hecho de que las personas conviven en formas diferentes. A estas formas diferentes de convivencia, los socialistas y las socialistas también las llamamos familia; por tanto, no tiene sentido hablar de crisis de la familia.» La distinción «los, las» y el decir «llamamos» y no «consideramos» o «las aceptamos como» eran ya premonitorios.

Otro punto destacable fue el rechazo enérgico de la contraposición público-privado, distinguiéndose otra vez de Tony Blair. Bebiendo en las fuentes del republicanismo cívico de Philip Pettit y de la «democracia fuerte» de Benjamin Barber, Zapatero reivindicó el papel del espacio público para garantizar la libertad individual. Lo que estaba desvelando era su firme intención de colonizar la esfera privada de los ciudadanos mediante una interferencia agobiante del gobierno en todos los ámbitos de la vida de la gente. Para este siniestro propósito se dio cuenta de inmediato de que necesitaba de la colaboración de los movimientos sociales radicales y se aplicó con determinación a integrar a las organizaciones feministas, ecologistas, pacifistas y antiglobalización en una renovada causa común de la izquierda. En una muestra de astucia indudable, pasó a controlarlas integrando a representantes destacados de las mismas en el PSOE y situándolos en cargos de responsabilidad interna y en las listas electorales.

Con el fin de completar su amplio frente anti-PP, cerró asimismo una estrecha alianza con los sindicatos mayoritarios, con Izquierda Unida y con los nacionalistas, sin excluir a los partidos independentistas. La fortaleza de su estómago para digerir bocados incomibles ha traspasado todos los límites de la prudencia y de la decencia en sus reiterados intentos de negociar con ETA, demostrando hasta qué punto su proyecto ha sido disolvente y destructivo. Su modelo, por consiguiente, más que ser una plasmación del pensamiento de la izquierda norteamericana que orbita en torno al Partido Demócrata, se ha aproximado, tal como ha señalado con perspicacia Jesús Trillo, al dibujado por los politólogos franceses Robert Laclau y Chantal Mouffe en su libro *Hegemonía y estrategia socialista: hacia una radicalización de la democracia.*

Queda así perfilado de manera precisa en cuatro componentes el modelo ideológico y estratégico del anterior equipo dirigente del PSOE, que no es extraño que despertase las suspicacias e incluso el rechazo de algunas figuras cualificadas de la generación anterior: 1) la unidad de la izquierda, que comprende los movimientos sociales de la contracultura; 2) la toma de la calle con métodos de revuelta urbana con el evidente propósito de amedrentar al adversario político; 3) la construcción de una «ideología orgánica» con voluntad de hegemonía social y cultural en la que se recuperan los clichés del antiamericanismo, el anticlericalismo, el anticapitalismo, el antisionismo y el guerracivilismo, a los que se añadió todo el acervo del feminismo radical y del nihilismo filosófico propio de las modernas corrientes estructuralistas y deconstructivistas; y 4) la negación al adversario de centro-derecha —tratado ásperamente como enemigo— carente de legitimidad democrática y sometido a permanente acoso hasta procurar expulsarle del campo de juego democrático. En síntesis, un proyecto caracterizado por su radicalidad, su totalitarismo, su voluntad rupturista y su adanismo arrasador.

Con el fin de situar a Zapatero en el panorama de la izquierda contemporánea, quiero insistir en su condición de radical como distinta a la de reformista. Para entendernos, un político reformista cree que las iniciativas legislativas adecuadas, sin forzar el sistema institucional y jurídico del Estado de derecho, son suficientes para avanzar hacia mayores cotas de justicia social y de libertad. El radical, en cambio, opina que los mecanismos legales resultan insuficientes y que es necesario buscar otras vías más expeditivas, bien de tipo revolucionario-violento o mediante transformaciones totales del ordenamiento constitucional vigente que alteren los fundamentos mismos de la convivencia. Si la izquierda reformista actual en el mundo occidental se mueve, por así decirlo, dentro del marco filosófico del pensamiento de Jürgen Habermas, el padre del patriotismo constitucional, la izquierda radical sería heredera de Michel Foucault, el teorizador de lo patológico como clave del desarrollo histórico. Pues bien, ZP ha sido más foucaltiano que habermasiano. Bastarían sus leyes de matrimonio homosexual y de igualdad o su entusiasta apoyo al nuevo Estatuto de Cataluña para probarlo.

Otra nota distintiva de los radicales es su tendencia irrefrenable a hacer tabla rasa de la situación anterior, a poner el marcador a cero como si el devenir humano empezase con su llegada al poder. Aquí encontramos otra diferencia explícita entre Felipe González y Zapatero. El adanismo de este último es ya legendario, mientras que González declaraba recientemente: «Se llega al poder como si amaneciera por primera vez, como si todo estuviera por inventar, y eso es una quimera.» No es extraño que Felipe y ZP hayan mantenido poco contacto y escasa sintonía. Aunque, seguramente, a estas alturas de su vida hay pocas cosas que puedan sorprender a Felipe González, es bastante probable que la inclasificable ejecutoria de su sucesor le haya dejado más que pasmado. Y es que el campo de actuación del radicalismo zapatético no ha sido la realidad en sí, que para ZP es irrelevante cuando no una molestia, sino la imagen de la realidad reflejada en la conciencia subjetiva. Tampoco le ha interesado demasiado la verdad, porque para él la verdad la crea el hombre con su voluntad arbitraria o surge de un proceso deliberativo sin premisas previas dictadas por la naturaleza humana, la materialidad del cosmos o la revelación trascendente. A Zapatero no le ha preocupado nunca mejorar las cosas concretas, sino transformar a la misma naturaleza, que, en su concepción, ha de estar sometida al capricho político o al dogma ideológico. De ahí que el legislador pueda decidir el momento del desarrollo fetal en que aparece la condición humana y eliminar de un plumazo las categorías de marido y mujer en el matrimonio. Se trata, en definitiva, de actuar ante cualquier cuestión que requiera una decisión o una norma de manera extrema y novedosa, de subvertir todas las tradiciones, de revirar la cultura en su totalidad, de poner al conjunto de la sociedad patas arriba. Si se acierta o se yerra, si las consecuencias de lo emprendido son beneficiosas o deletéreas, carece de relevancia. Lo importante es romper las ataduras del pasado, epatar al respetable y descolocar al adversario electoral.

Zapatero ha navegado festivo y desatado por las aguas encrespadas y malolientes del nihilismo de Nietzsche, del subjetivismo de Heidegger, de la apología de lo monstruoso de Foucault y del deconstructivismo de Derrida. La destilación de un proyecto político a partir de semejante barullo únicamente ha podido dar como resultado lo que hemos visto y padecido a lo largo de los últimos ocho años, es decir, la subvención pública de la cartografía de las intimidades femeninas, de las exposiciones de arte sacrílego, de los talleres de iniciación a la autosatisfacción para adolescentes —que es algo parecido a enseñarle a un leopardo a cazar gacelas— y la proscripción de Blancanieves. El próximo paso —si la crisis no hubiera irrumpido depositando a Zapatero en el zaquizamí de la historia— se supone que hubiera sido, siguiendo las edificantes recomendaciones de Guy Debord, otro gurú de la izquierda radical, «la práctica de nuevas experiencias, de sentir placer espontáneo, por ejemplo, la perversidad múltiple o las drogas experimentales».

Ésta es la contracultura que se ha apoderado del Partido Socialista y ha condenado al fracaso político y a la derrota electoral a una organización más que centenaria cuyos fundadores jamás hubieran podido imaginar que un día sus herederos se plantearían como objetivo político la liquidación de la unidad de España, de la familia y de la Bella Durmiente. Aunque sus sufridos militantes no son todavía conscientes de ello, el PSOE de Pablo Iglesias y Jaime Vera ha degenerado en una máquina letal de laminación de todos los principios, valores y convenciones que prestan estabilidad y viabilidad a una sociedad democrática y desarrollada. Esperemos que su sonado fracaso en las recientes elecciones generales los haga despertar de su letargo y reaccionen antes de que sea demasiado tarde.

El drama de la nueva izquierda radical, de la que el anterior presidente del gobierno ha sido un muy cualificado representante, es que oscila entre la incertidumbre, el vacío y la nostalgia. El colapso del gran relato totalizador marxista, que tenía explicaciones para todo y que abarcaba con su formidable aparato analítico y axiológico la economía, la antropología, la psicología y la historia, dejó a la izquierda política desprovista de soporte intelectual y filosófico. La angustia que esta pérdida le produjo queda expresada fielmente por otro de los pensadores de cabecera de Zapatero, el polaco Zygmunt Bauman, cuando reconoció lo siguiente: «Hemos crecido creyendo que, a menos que una autoridad intimidante e indiscutible —sagrada, secular, política o filosófica— penda sobre cada individuo humano, con toda probabilidad sobrevendrán la carnicería y la anarquía universales.» Obviamente, la izquierda, que ha abandonado a Dios y que ha asistido a la caída de Marx de su pedestal, ha sentido como nadie la desazón de esta orfandad. Y quizá por eso Bauman añadió: «No hay duda de que una forma de vida apenas puede funcionar sin el sostén de parámetros universalmente vinculantes y apodícticamente válidos.» Ni el pansexualismo freudiano ni la náusea comprometida sartriana ni el deshuesado marxismo de diseño de la escuela de Frankfurt estaban en disposición de llenar el enorme hueco dejado por la volatilización de la Unión Soviética, y las vagas apelaciones al progreso o a la globalización ofrecían un mínimo efecto paliativo. Para Bauman, nuestra época se caracteriza por lo que él denomina *Unsicherheit*, que se puede traducir como «inseguridad», «incertidumbre», «precariedad». Y la puntilla: «Hoy únicamente podemos albergar dos certezas: que hay pocas esperanzas de que los sufrimientos que nos produce la incertidumbre sean aliviados y que sólo nos aguarda más incertidumbre.»

La nostalgia de una ideología omnicomprensiva y totalizadora ha producido en la nueva izquierda radical una serie de pautas perfectamente identificables en la etapa Zapatero: la búsqueda frenética de ese marco teórico perdido, el regreso a la ingeniería social disfrazada de lo que denominaban «la recuperación de la política», «la reivindicación de lo público» o, menos púdicamente, «la ingeniería cívica» y la voracidad desenfrenada de poder. Cuando se ha criticado a Zapatero señalando que su principal obsesión ha sido conservar el poder, es justo aplicar un cierto margen de benevolencia porque, para un personaje que se ha autodefinido como «rojo», ¿qué le queda al pobre en este inicio del siglo XXI si se le quita el poder? O sea, que un poco de caridad con el políticamente extinto ZP, seguramente abrumado por la *Unsicherheit* en su retiro leonés.

Una conclusión que se puede establecer ya de manera incontestable, y así se ha podido comprobar en la patética campaña de Rubalcaba, es que el feminismo radical se ha consolidado como la ideología orgánica del PSOE, ideología en el sentido de un marco teórico que explica la dinámica histórica, económica y social de forma completa y al lado del cual otros mecanismos interpretativos o explicativos de la realidad son apendiculares, orbitales o consecuenciales. Efectivamente, el feminismo en su versión más agresiva y totalitaria, que culmina en la ideología de género, se ha apoderado del PSOE y orienta sus principales propuestas legislativas y su estrategia política. El día que el PSOE descubrió que no se nace hombre y mujer, sino que el sexo es una creación cultural, que la mujer es el proletario del hombre y que el motor de la historia es la lucha de sexos, sus dirigentes cayeron del caballo como Pablo de Tarso camino de Damasco.

Las feministas radicales, que, por supuesto, no tienen nada que ver con los legítimos y admirables movimientos modernos de liberación de la mujer y de reivindicación de la igualdad jurídica entre hombres y mujeres, nacieron al calor del freudomarxismo, del existencialismo y del deconstruccionismo. Partiendo de la condena de Engels de la familia tradicional y de su análisis de la opresión de la mujer por el hombre, Simone de Beauvoir y una pléyade de intelectuales norteamericanas de los años sesenta y setenta se lanzaron a la edificante misión de liquidar el matrimonio, de separar el sexo de la maternidad y de rechazar por degradante la dedicación de la mujer al cuidado de sus hijos y a la buena marcha del hogar, con la traca final de la promoción del lesbianismo militante. La creación de un nuevo lenguaje rocambolesco que ha acuñado palabras tan extrañas como «parentalidad», «bifobia» y «androcentrismo» y sonsonetes insoportables como «todos y todas» o «los vascos y las vascas» nos recuerda constantemente la pesadilla en la que seguimos inmersos y que se ha materializado en el plano legislativo en normas tan discutibles como la ley del matrimonio homosexual, la de la violencia de género, la del aborto y la de la igualdad.

Una de las vertientes más inquietantes de la doctrina de género viene expresada por su lema «Lo privado es político», que prefigura dislates en los que el gobierno invadirá la alcoba conyugal y la sagrada intimidad de los hogares para imponer sus delirios de liberación erótica y su ética de la transgresión. Christina Hoff, una conspicua filósofa norteamericana adscrita al feminismo más afilado, escribió hace quince años: «No debería autorizarse a ninguna mujer a quedarse en casa a cuidar de sus hijos.» Dado que el *lobby* feminista del PSOE se alimenta de estos manjares intelectuales, aquí puede pasar de todo. Al fin y al cabo, ya nos avisó María Teresa Fernández de la Vega de lo que se avecinaba en sus palabras en el décimo aniversario de la Conferencia de Pekín: «Es necesario establecer una gran alianza entre feminismo y socialismo que abarque todas las áreas del pensamiento y de la acción política.» Más claro el agua.

A partir de esta revisión de la agenda ideológica de la izquierda poscomunista en su versión hispánica y cejifleja, mi reflexión y mi advertencia en el arranque de este nuevo período de mayoría parlamentaria de centro-derecha es la siguiente: mientras algunos, con la mejor intención y magníficamente asesorados por sociólogos cautos que ya están de vuelta de todo, concentran su oferta política y electoral en las soluciones a la pavorosa crisis económica que padecemos, evitando pudorosamente la explicación de que existe una visión conceptual y moral alta y luminosa alternativa al charco viscoso al que estamos siendo arrastrados, las legiones disciplinadas de miembros de esa casta que ha sido llamada de los nuevos clérigos —periodistas, cineastas, profesores, novelistas, guionistas de series televisivas, actores y cantautores, absolutamente entregados a la difusión del evangelio pacifista-laicista-multiculturalista-ecologista-feminista— continuarán laborando infatigables para transformar nuestra sociedad en un maravilloso mundo feliz en el que, desembarazados para siempre de verdades trascendentes, liberados de la servidumbre de la naturaleza y de la realidad objetiva, y perdido Marx por el camino para ser sustituido por la Gran Matriarca primordial, cada uno de nosotros —y por supuesto de nosotras— podremos jugar a placer con la vida y con la muerte, cambiar de sexo, ser esposa o esposo con independencia de nuestra morfología y de nuestra fisiología, y pastar por una pradera interminable de derechos sin un solo deber que enturbie nuestro gozo. Por consiguiente, además de emprender las imprescindibles reformas en los terrenos económico, social e institucional, el gobierno que inicia su andadura no ha de olvidar que la verdadera batalla es la de las ideas y las conciencias. La reveladora experiencia vivida entre 2004 y 2011 debería ser suficiente para que la lección haya quedado aprendida.

2. Los mitos de la Transición, y los errores y omisiones del aznarato

Si me haces esta pregunta hace un año o dos, te habría dicho que no. Ahora te digo radicalmente que sí, y además una reforma no menor.

GABRIEL CISNEROS, en respuesta a la pregunta «¿Cree que hay que cambiar la Constitución?» en una entrevista concedida a *Papeles de Ermua* poco antes de su muerte

En esta etapa de tribulación es conveniente liberarnos, aunque sea doloroso, de ciertos mitos que empañan la verdad de nuestro reciente devenir y nos impiden aprender de nuestros errores, condición indispensable para repararlos y no repetirlos. La primera de estas ensoñaciones es que la Transición estuvo magistralmente planteada y resuelta, y que han sido las desviaciones posteriores en el desarrollo de las previsiones constitucionales, junto a las equivocaciones o incluso los disparates de gobernantes incapaces o venales, las que se han apartado de aquella admirable visión y nos han arrastrado a la catástrofe. La segunda es que el período 1996-2004 fue una edad de oro en la que casi todo se hizo bien y que al igual que entonces bastará con que un nuevo gobierno de personas sensatas, preparadas y honestas sustituya una política basada en el despilfarro, la incapacidad, la corrupción, el sectarismo y los prejuicios ideológicos por otra impregnada de pragmatismo, altura de miras, transparencia, austeridad y buen nivel técnico para volver a la senda del éxito. Por desgracia, ninguno de estos consoladores pensamientos responde a la realidad, o por lo menos no describe la realidad completa.

El tránsito del régimen autoritario a la democracia en el trienio 1975-1978 estuvo sin duda lleno de buenas intenciones, pero fue cuajando bajo la óptica de lo posible más que de lo deseable y, tal como ha señalado lúcidamente Álvaro Delgado Gal, se produjo un «deslizamiento» hacia la democracia porque el entorno nacional e internacional apuntaba en esa dirección y no porque la sociedad española, de forma consciente y animosa, se lanzara a conquistar su libertad. Obviamente, la versión de un pueblo jubiloso que elige la vía democrática movido por nobles ideales resulta más atractiva que la de una ciudadanía y una clase dirigente que, ante la desaparición por fallecimiento natural de un dictador provecto, se adapta a su nueva situación mediante la única operación lógica en un contexto europeo y atlántico de libre mercado y de democracias avanzadas y consolidadas. Una cosa es la imaginación al servicio de la autoestima y otra la imagen que nos devuelve el espejo. La Constitución de 1978 fue el fruto de tiras y aflojas entre una derecha con mala conciencia, una izquierda rencorosa y unos nacionalistas que siempre la percibieron como un punto de partida para sus pretensiones soberanistas. Otra cosa es la épica histórica de un momento decisivo en el siglo XX español y la relativa suavidad —relativa porque ETA asesinaba a mansalva— del paso de una a otra orilla. Yo también he caído en ocasiones en la evocación poética de una Transición convertida en leyenda, pero hoy vivimos acontecimientos cataclísmicos que nos obligan a sincerarnos con nosotros mismos. Nuestra Carta Magna ocultaba en su seno la semilla de la descomposición actual porque la forjaron políticos a los que les sobraba habilidad y les faltaba una mayor densidad intelectual, un conocimiento más riguroso de nuestra historia contemporánea, una previsión adecuada del largo plazo y una lealtad a la palabra dada a salvo de maquiavelismos de tendero.

Examinada con la perspectiva que dan tres décadas largas de evolución del régimen político nacido tras la muerte de Franco y a la luz de la abundante experiencia acumulada, la Constitución de 1978 es ya un papel mojado que nadie respeta, ni siquiera el propio tribunal encargado de ser su guardián. Esta pérdida de vigencia de nuestra ley de leyes tampoco debe sorprender demasiado porque los constituyentes dejaron, por descuido, por torpeza, por ingenuidad o por impotencia, un número alarmante de cabos sueltos y de engranajes desajustados. Los obvios y serios defectos de nuestro ordenamiento básico han laminado la división de poderes, han propiciado la construcción de una Administración ineficiente, compleja, hipertrofiada y carísima, han puesto la regulación del mercado de trabajo en manos de unos sindicatos anacrónicos e inmovilistas, han degradado nuestra democracia hasta reducirla a partidocracia clientelista, han destruido la conexión entre representantes y representados, y han entregado la gobernabilidad de la nación a aquellos cuyo objetivo explícito es liquidarla.

A estas alturas de la película, nos pellizcamos para comprobar si lo que sufrimos es una pesadilla o la dura realidad. Agobiados por las deudas, debilitados por una tasa de natalidad anémica, con el índice de miseria combinado de paro y déficit más alto del mundo, castigados con el descrédito en los foros internacionales, avergonzados por la indignidad de que el crimen organizado controle instituciones clave del País Vasco, tras haber asistido reiteradamente a la alianza de los dos grandes partidos nacionales con los separatistas al precio de desmantelar el Estado y diluir la identidad nacional o con organizaciones gansteriles disfrazadas de opción electoral con el exclusivo fin de saquear el erario, tras soportar el oprobio de una justicia contaminada hasta el punto de que los periódicos publican diagramas de los órganos constitucionales con la etiqueta de partido junto a cada uno de sus integrantes o de que el fiscal general se comporte sin recato como un esbirro del gobierno, tras haber aguantado que en determinadas comunidades la lengua oficial del Estado haya sido expulsada de la enseñanza y del espacio oficial, la conclusión de que vivimos un fin de ciclo, de que el esquema de convivencia que diseñamos con tanta ilusión hace 35 años está agotado y de que España demanda no sólo reformas sino una regeneración de fondo, emerge como inevitable.

En la Transición se aproximaron dos orillas, la de la izquierda y la de la derecha, en un movimiento que nos hemos empeñado en ver transido de grandeza y de voluntad de reconciliación. Hoy España cruje porque los nacionalistas y el actual equipo dirigente del PSOE no pertenecen a ninguna orilla, sino que habitan otro planeta, un globo yermo de relativismo moral, engaño compulsivo, frenesí ideológico, rencor mezquino y sed incontrolada de poder. Por eso se han alzado ya muchas voces, entre las que quiero destacar la del fallecido padre de la Constitución Gabriel Cisneros —avalada por la clarividencia que aflora en la inminencia del final—, llamando a una reforma de la Constitución «no menor», es decir, la ajustada a su artículo 168.[2] Hemos alcanzado un punto del que es imposible salir con paños calientes, retoques o maquillajes. No me resisto a mencionar un caso concreto. La simple supresión de la palabra «transferencia» en el artículo 150.2,[3] mientras se mantiene el término «delegación», no es suficiente. Hay que suprimir el artículo completo, y lo demás son monsergas. ¿De qué se tiene miedo? ¿Qué intereses creados se procura salvar en perjuicio de la fortaleza del Estado? ¿O es que no hemos aprendido nada de lo sucedido en 1993, 1996 y de los despropósitos iniciados en 2004? La nación sufre un ataque sin precedentes de sus enemigos interiores y únicamente podrá sobrevivir si se le permite expresar claramente su

2. Este artículo regula el procedimiento de reforma constitucional por mayoría de dos tercios, cuando afecta a derechos fundamentales o a la Corona. *(N. del e.)*

3. Establece que «el Estado podrá transferir o delegar en las comunidades autónomas, mediante ley orgánica, facultades correspondientes a materia de titularidad estatal que por su propia naturaleza sean susceptibles de transferencia o delegación». El autor se refiere en diversas ocasiones a ese artículo. *(N. del e.)*

voluntad mayoritaria. Para ello, la reforma constitucional ha de apuntalar las vigas carcomidas por treinta años de tarea incesante de las termitas. Pero parece que algunos o no se enteran de la gravedad de la situación o no quieren enterarse. Sin embargo, no será porque no se les haya advertido. A partir de aquí, que cada uno asuma su responsabilidad.

En cuanto a la nostalgia del aznarato, que en realidad debería pronunciarse con doble erre, el *aznarrato*, y la espectacular recuperación económica que encandiló a los españoles y al mundo en general durante aquellos pujantes ocho años en los que el déficit desapareció de nuestras preocupaciones, el paro prácticamente se igualó a la media europea, nuestra convergencia comunitaria rozó el 95 por ciento y nuestra renta per cápita rebasó a la italiana y se aproximó a la francesa, no debe nublar nuestra objetividad a la hora de juzgar una ejecutoria que, aunque mejoró notablemente la etapa crepuscular del felipismo que la precedió y se situó infinitamente por encima de la catástrofe subsiguiente de las dos últimas legislaturas que nos ha dado la puntilla, no estuvo exenta de errores de bulto y de omisiones con consecuencias relevantes.

En el terreno estrictamente económico, unos pocos datos son suficientes para poner sordina a algunos excesos triunfalistas. Entre 1996 y 2007, año en que la crisis todavía no había asomado su hirsuta cabeza y nos las prometíamos muy felices, crecíamos a tasas asombrosas, pero, simultáneamente, nuestra competitividad disminuía. Hay que recordar que entre 2000 y 2008 los costes laborales unitarios aumentaron en España un 27 por ciento frente al 7 por ciento de la OCDE y el 1 por ciento de Alemania. Otro aspecto a tener en cuenta es que, en esos años de vino y rosas, el núcleo de nuestro crecimiento fue el consumo tanto privado como público, mientras que la contribución de la formación de capital y el saldo exterior fueron muy bajos. Cabalgábamos frenéticamente sobre un tigre que era el endeudamiento exterior, circunstancia que ahora pesa como una losa sobre nuestra capacidad de recuperación.

Tras dos legislaturas de loables y acertadas privatizaciones y liberalizaciones, de ortodoxia fiscal y de combate implacable contra el terrorismo, hacía falta una tercera para fortalecer el músculo de nuestra economía y reorientar un desarrollo autonómico que estaba vaciando el Estado de competencias y armando a los secesionistas para su ataque final. En vez de identificar con claridad los puntos débiles a corregir y los puntos fuertes a remachar, la mayoría absoluta se invirtió en un intento titánico de ocupar un puesto entre los grandes de la Tierra olvidando que, en la retaguardia, las termitas devoraban las vigas sin descanso. La Ley Electoral, la garantía de independencia e idoneidad de los miembros de los órganos constitucionales y reguladores, la democracia interna de los partidos y su financiación o el reglamento de las Cámaras, por citar algunas deficiencias destacadas de nuestro sistema que podrían haber sido corregidas sin mayores obstáculos durante la legislatura 2000-2004, siguieron siendo asignaturas pendientes.

Lo mismo se puede decir de cuestiones de superior envergadura como la política energética, a la que se podría haber liberado de prejuicios ideológicos y de servidumbres electoralistas, o la acelerada centrifugación del Estado, que no sólo no se detuvo, sino que continuó su peligrosa marcha hacia la completa desmembración que tanto lo debilita y lo incapacita en la actualidad, cuando necesitamos de toda su fuerza y eficacia para impulsar las políticas de austeridad de las Administraciones y de oferta que la crisis demanda perentoriamente. La reforma educativa, una de las lagunas más acuciantes de nuestro sistema productivo y de la calidad de nuestra vida social, se inició demasiado tarde, y los meritorios esfuerzos del magnífico equipo que pilotaba el Ministerio de Educación y Cultura para alumbrar un avance tan positivo como la Ley de Calidad resultaron estériles al quedar anulados por la llegada de Zapatero, que no perdió un minuto en derogarla. Lo mismo sucedió con la reforma laboral, probablemente la más reclamada de nuestro modelo económico por los expertos más solventes y por los organismos internacionales, que tampoco se supo plantear con la voluntad y la determinación suficientes, y acabó en una retirada pusilánime ante unos sindicatos crecidos y prepotentes. No se supo ver que la coyuntura inmediatamente posterior a las elecciones generales del año 2000 era especialmente favorable a grandes acuerdos de Estado, habida cuenta de la postración de un PSOE desmoralizado que hubiera sido receptivo a participar en iniciativas regeneradoras. Se desperdició la ocasión y se dio tiempo al socialismo a revitalizar su peor cara de religión civil intolerante, excluyente y revanchista tras entregarse a un líder que ha hecho alarde de una infatigable actividad de destrucción.

Hubo dos decisiones que el tiempo ha revelado fatales. La primera fue el cambio de estrategia del Partido Popular en Cataluña en 1996, que ha regalado quince años a los nacionalistas hasta desembocar en el fraude constitucional del nuevo Estatuto. Por supuesto, las críticas ex post facto son siempre fáciles, y cada tiempo y cada ocasión han de juzgarse en su contexto. Sin embargo, lo cierto es que Aznar no acertó a percibir que Jordi Pujol estaba tan obligado al pacto como él, y que las élites empresariales y financieras catalanas jamás le hubieran permitido abrir un nuevo período de incertidumbre que habría impedido nuestra entrada en el euro y que las hubiera precipitado a la ruina. Su nerviosismo ante su precariedad parlamentaria y su desconocimiento de la realidad catalana le hicieron desmantelar su partido en Cataluña y entregarlo en manos de sus peores enemigos. A pesar de disponer de mayoría absoluta cuatro años después, no sólo no rectificó un error que los hechos ya habían demostrado flagrante, sino que persistió en este enfoque hasta neutralizar por completo las posibilidades del centro-derecha nacional en una comunidad clave. Ha sido necesaria una catástrofe de proporciones apocalípticas que ha dejado a España al borde de la quiebra y de la intervención para que el Partido Popular de Cataluña recupere las cotas alcanzadas en 1995. Es curioso que Aznar, que desde que abandonó La Moncloa ha prodigado pronunciamientos públicos de notable lucidez, acierto y coraje, jamás se haya referido a su rendición gratuita de 1996 ante los nacionalistas catalanes para realizar una reflexión autocrítica o un análisis objetivo de aquellos sucesos. Seguramente, este clamoroso silencio es la confesión más evidente de su arrepentimiento.

La segunda fue la renuncia a un tercer mandato creyendo que una España rica y estable entraba en una etapa en la que la política podía sustituirse sin problemas por una gestión tranquila y competente. Observada desde la perspectiva presente y habida cuenta de las consecuencias devastadoras de su gesto entonces tan merecidamente alabado, también se ha de concluir que la ausencia de cualquier referencia a esta decisión por parte de su protagonista a lo largo de los últimos ocho años obedece a una autoevaluación implacable de su trayectoria pasada. A la luz de aquella voluntarista percepción, quiero insistir en que la complacencia en la analogía con la salida de la crisis de mediados de los noventa no resiste un somero análisis. Hace una década y media no pertenecíamos a la zona euro; el Estado español conservaba cierto margen de acción frente a las autonomías y no había adquirido todavía el tamaño desmesurado que ha alcanzado desde 2004; el endeudamiento interior y exterior de las Administraciones, de las empresas y de las familias era muy inferior al que hoy nos ahoga; ETA no abrigaba apenas esperanzas de ganar su sangrienta guerra contra la democracia; la economía global apuntaba hacia el crecimiento; y el clima moral del país y la pérdida de valores no había llegado al grado de deterioro actual. Ninguna de estas notas favorables se cumple en este otoño melancólico.

Hace poco conmemorábamos el décimo aniversario del 11 de septiembre de 2001, fecha trágica que demostró que la historia no tiene fin y que los enemigos de la sociedad abierta no descansan nunca. Pues bien, en España tuvimos el 11-M en 2004 y un déficit público cercano al 12 por ciento en el fatídico ejercicio de 2009. No se trata de negar los evidentes méritos de la etapa de gobierno del PP, sino de esforzarnos en comprender sin edulcorantes el pasado para enfocar con acierto un futuro que se dibuja amargo. Espero que los españoles, sobre todo aquellos con responsabilidades más altas, hayamos asimilado que el momento de bajar la guardia ante los enemigos de la sociedad abierta y de sustituir plácidamente el ingrato combate de las ideas por la plácida administración de las cosas no llega nunca. La prueba más palpable de esta incómoda aseveración es que el político al que Aznar designó como idóneo —por su dilatada experiencia, carácter tranquilo y sensatez probada— para pilotar la nave del Estado, en una travesía que se predecía de cielos despejados y aguas en calma, ahora se ve obligado a enfrentar la galerna más furiosa que ha embravecido los mares patrios. Es muy posible que, aunque fue madurada con criterios evaluadores totalmente ajenos al tronante escenario en que nos encontramos, la elección acabe demostrándose acertada. Pronto lo sabremos.

3. Las hipótesis falsas

De la misma forma que los mitos nublan la recta comprensión de la realidad, el trabajo apoyado en hipótesis falsas acaba irremediablemente en fracaso.

En relación con el tópico, repetido ad náuseam, de la hornada de jóvenes con mejor preparación de nuestra historia, se trata de una mentira piadosa de la que debemos desprendernos, salvo que nos conformemos con ser referentes de nosotros mismos. Si nos comparamos con el resto de la Unión y con la OCDE, el nivel educativo y cultural de nuestra población escolar es manifiestamente insatisfactorio, y así lo demuestran las evaluaciones internacionales a las que somos periódicamente sometidos. Ninguna universidad española figura entre las 150 primeras del mundo o las primeras 50 europeas, y el conocimiento de inglés por parte de nuestros estudiantes no resiste el contraste con muchos países europeos o asiáticos. Nuestras universidades públicas son corporativistas y funcionariales, se caracterizan por una alta endogamia local sin apenas filtros a la entrada o a lo largo de los estudios superiores y se parecen más a organizaciones burocráticas expedidoras de títulos que a centros de excelencia. Las tasas universitarias cubren escasamente un 15 por ciento del coste de la docencia recibida, con la consiguiente devaluación de la institución. Un reportaje muy completo de Intereconomía Televisión sobre el estado de las instalaciones de la Complutense de Madrid mostraba cómo la universidad más importante de España se ha ido degradando hasta convertirse en un vertedero. La ausencia de competencia entre centros educativos públicos y concertados de enseñanza obligatoria y de bachillerato, así como entre universidades públicas, desemboca en un preocupante detrimento de la calidad.

Un síntoma revelador del decepcionante nivel de nuestro sistema educativo es el progresivo empeoramiento en el uso del lenguaje oral y escrito por los españoles. Una expresión oral deficiente indica pobreza o desorden de pensamiento. Cuando ministras de anteriores gobiernos han utilizado palabrejas como *«contradecido», «vejativo», «cónyugue» o «miembra»*, o han confundido «anglicanismo» con «anglicismo», se encienden bastantes luces de alarma. Se reitera que hay que educar «en» libertad mientras se olvida que lo correcto es educar «para» la libertad. La pregunta decisiva no es en qué o cómo educar sino para qué. Un ciudadano que no puede expresarse con corrección y precisión de palabra o por escrito ni es libre ni es un ciudadano completo. Hace mucho que en un gran número de centros educativos públicos se ha renunciado a la idea de que el aprendizaje implica un esfuerzo personal constante e intenso, lo que a su vez requiere voluntad, esfuerzo y sacrificio. El paradigma imperante entre la progresía es que la enseñanza ha de ser persuasiva, sin asomo de presión o coacción sobre el discente, que los exámenes son represivos y que las preguntas en clase no tienen como fin averiguar los conocimientos del alumno enfrentándolo a su propio rendimiento, sino afectuosas indicaciones para, a la manera socrática, conducirlo indoloramente hacia la conclusión correcta. El profesor ya no es una autoridad a la que se respeta y obedece, sino que se ha transformado en un amigo y compañero al que se tutea dentro y fuera del aula. La concepción de la educación de la LOGSE ha llenado España de analfabetos funcionales acríticos que se agrupan en hordas de botellón en sucesivas promociones irrecuperables. Hemos de asumir que la adquisición de conocimientos está asociada a unas capacidades específicas que no todos tienen y que cada uno ha de ser guiado en su itinerario educativo en concordancia con esas capacidades. No pocas escuelas e institutos son lugares de adoctrinamiento ideológico o de fomento del odio a España como proyecto común, mientras se descuida su misión de preparar hombres y mujeres para ser productivos, competitivos y moralmente sólidos. Un joven carente de una buena formación es un lastre para su país y un potencial esclavo laboral en otros. Si estamos de acuerdo en que la educación es un factor clave de competitividad y de progreso, no es extraño que estemos afrontando la crisis en condiciones bastante peores que Francia, Alemania, Holanda, Finlandia o Polonia.

A partir del momento germinal de la Transición, nos hemos guiado por otros dos supuestos erróneos que explican en buena medida nuestros males presentes. El primero ha sido que una distribución del poder basada en la alternancia ordenada de dos grandes partidos nacionales de centro-derecha y centro-izquierda, dotados de sentido de Estado y garantes del interés general y en la entrega de Cataluña y el País Vasco a los nacionalistas sedicentemente moderados para integrarlos y pacificarlos, proporcionaría estabilidad y viabilidad al sistema político. El segundo, entendido como mecanismo de seguridad en caso de fallo del primero, ha consistido en confiar en que las dos principales fuerzas siempre cerrarían filas si las tensiones centrífugas sobrepasaban un umbral peligroso. Ambos se han revelado excesivamente optimistas. Los nacionalistas ni se han integrado ni se han pacificado y, en el colmo del cinismo, acusan a «Madrid» de haber roto el consenso constitucional sólo porque, ante una emergencia de solvencia de nuestra deuda soberana, una mayoría abrumadora de ambas Cámaras haya aplicado el artículo 167 de la Norma Fundamental. Teniendo en cuenta que ellos no se han dedicado a otra cosa desde las primeras elecciones democráticas en 1977 que a dinamitar lo que se comprometieron a respetar cuando se pactó la Constitución, este airado e hipócrita reproche provoca indignación y, por supuesto, merece una respuesta contundente. En cuanto a las dos principales fuerzas de ámbito nacional, han preferido sistemáticamente aliarse con los particularismos secesionistas antes que compartir responsabilidades de gobierno con la otra, sin parar mientes en que semejante proceder ponía en riesgo de forma creciente la propia existencia de España como nación.

Es evidente que continuar adormecidos por el barbitúrico de nuestras fantasías autocomplacientes y mantener en contra de la experiencia errores manifiestos como verdades orientadoras de la acción son cosas que no nos podemos permitir si queremos evitar el colapso definitivo de nuestro país. Por tanto, urge un cambio radical de marco conceptual y de estrategia. Si el gobierno que está iniciando su andadura no lo entiende así y se lanza a su ardua tarea creyendo que una administración más eficiente y competente bastará para sacarnos de la crisis sin proceder a cambios estructurales de calado, muy pronto chocará con la auténtica naturaleza de nuestros problemas y perderá un tiempo precioso. Cuatro son los frentes en los que se ha de entrar, bisturí en mano, sin vacilaciones ni complejos: el modelo económico, el modelo territorial, el modelo institucional y el modelo de sociedad. Como es de cajón, en esta tesitura los interrogantes pertinentes son por qué estamos como estamos, qué hay que hacer para salir del hoyo, cómo hay que hacerlo, y quién y con quién ha de hacerlo. Empecemos por el porqué.

4. Por qué estamos como estamos

La crisis devastadora que nos aflige no es fruto del destino cruel o de una maldición divina que, en cualquier caso, serían un destino que nos habríamos buscado o una cólera celeste que habríamos merecido. Tampoco es la consecuencia exclusiva de factores exógenos, sino que se deriva en gran parte de errores y abusos propios, de decisiones y omisiones de nuestros gobernantes, a los que hemos votado, o de nuestros líderes sociales, a los que hemos encumbrado; decisiones y omisiones que los españoles hemos aplaudido, tolerado o inadvertido. El frenazo al crecimiento mundial posterior al crac financiero ha sido el catalizador de la destructiva combustión en la que ardemos, pero, aunque éste no hubiera tenido lugar, nuestro modelo político, institucional, productivo, cultural y educativo estaba ya agotado y nos hubiera arrastrado también a serias dificultades, si bien con menor brusquedad e intensidad. La crisis económica ha rasgado el velo que disimulaba nuestra crisis política, institucional y moral. Somos culpables y responsables de lo que nos pasa, y quien no lo reconozca miente deliberadamente, y se engaña a sí mismo y a la ciudadanía.

Los problemas múltiples y graves que nos asaltan han aparecido por lo que hemos o no hemos hecho durante décadas, y ha llegado el momento del examen de conciencia, la contrición —la atrición también sirve—, la penitencia y el propósito de enmienda. El camino que hemos recorrido a lo largo de los últimos treinta años está empedrado de equivocaciones, falsedades, cobardías, frivolidades, improvisaciones, inconsistencias, vaivenes y corrupciones que no podían quedar impunes. Repasemos algunas de nuestras hazañas desde la Transición hasta ahora.

Hemos desaprovechado las fases de crecimiento entre 1986 y 1990 y entre 1995 y 2007, hemos concentrado la creación de empleo en sectores relacionados básicamente con la demanda interna y hemos marginado las áreas de actividad económica obligadas a competir internacionalmente, lo que supone un enfoque completamente inadecuado para los duros condicionantes de la globalización. Tanto González en los años postreros del felipismo como Aznar en sus dos mandatos sucesivos acometieron algunas reformas útiles, privatizaciones, liberalizaciones, racionalización de la fiscalidad, intentos racheados de contención del gasto público, y es justo reconocerlo. Sin embargo, se quedaron cortos —sobre todo Felipe González— en las mejoras estructurales que hubieran preparado a España para los tiempos adversos. Me refiero a la modernización del mercado laboral, a la estabilización de la estructura territorial del Estado, al impulso prioritario de la calidad del sistema educativo, al fortalecimiento de la competitividad, a la implantación de cortafuegos permanentes contra el despilfarro de las Administraciones, al saneamiento de las instituciones —fundamentalmente la justicia—, a la puesta a punto de un sistema energético eficiente y sostenible que garantizase la seguridad de suministro y la adecuación de las tarifas a los costes, y a la creación de un clima moral y de un marco normativo que acabase con la corrupción. Todos estos ámbitos, indispensables para dotar a la nación de seguridad física y jurídica y para abrirle la senda del crecimiento y de la prosperidad, han sido descuidados, pospuestos o ignorados. Esta falta de ambición política y ética, esta actitud miope y cortoplacista de nuestra clase dirigente explican ampliamente nuestras aflicciones actuales. Todas las embarcaciones y todas las tripulaciones valen cuando el mar está como un plato, pero el buen diseño, la calidad de los materiales y la aptitud marinera de los que van a bordo se pone a prueba cuando las aguas se encrespan.

A partir de 1999 hemos encontrado más cómodo que los inmigrantes, a los que hemos atraído en masa —seis millones entre 2001 y 2008— con todo tipo de facilidades, hicieran aquellos trabajos que por su dureza o su baja remuneración y valoración social los españoles no queríamos aceptar. Hoy nuestra población cuenta con un 11 por ciento de extranjeros que provocan en no pocos lugares de nuestra geografía tensiones culturales y fricciones interétnicas, además de pesar gravosamente sobre nuestro sistema de bienestar social. Si nuestra fuerza laboral no hubiese sido tan selectiva y no hubiese dispuesto de tanta protección, lo que la disuadía de dar el callo, el número de trabajadores foráneos requerido hubiese sido considerablemente menor. La construcción, la hostelería, la agricultura, el servicio doméstico, el cuidado de ancianos y el comercio han absorbido a esta ingente marea humana que ha cubierto los huecos que nosotros, demasiado bien acostumbrados, despreciábamos por fatigosos o por su magro salario.

Embriagados por los bajos intereses y por las burbujas crediticia e inmobiliaria, decretamos insensatamente que los ciclos económicos eran un fenómeno superado y que ataríamos para siempre los perros con longanizas. En este estado de euforia irreflexiva, el gobierno de Zapatero, así como casi todas las comunidades autónomas y ayuntamientos de diverso signo, se dedicaron a inflar desaforadamente el número de empleados públicos, a asumir y duplicar competencias, a crear centenares de entes públicos innecesarios para colocar a amigos, correligionarios y parientes, a incrementar los beneficios sociales y a incurrir en obscenos desafueros propios de nuevos ricos zafios y sin sentido alguno de la sobriedad y del decoro. En esta orgía de opulencia ficticia y desenfreno presupuestario, los notables superávits del trienio 2004-2007 se fundieron en medidas electoralistas y populistas, como la subida de las pensiones no contributivas en un 40 por ciento, o en atar al Estado con nuevas obligaciones —véase la Ley de Dependencia— que ahora es incapaz de cumplir. Si en vez de una tropa de manirrotos compulsivos en La Moncloa, en las autonomías y en las corporaciones locales, hubiéramos tenido gobernantes austeros y prudentes, el exceso de las entradas sobre las salidas en el erario, que fue en estos años de un 1 por ciento, se habría situado en un 6 o un 7 por ciento, lo que hubiera permitido reducir aún más la deuda y alimentar con todavía mayores recursos el fondo de garantía de las pensiones. Nuestra capacidad de afrontar la crisis se hubiera visto así considerablemente mejorada. El abandono por parte de Zapatero de la virtuosa costumbre de situar el crecimiento del presupuesto por debajo del crecimiento del PIB, practicada con regularidad por los gobiernos de Aznar, socavó los cimientos de nuestra economía. La anécdota chusca de las dos tardes[4] adquiere, vista desde hoy, tintes trágicos.

Otra muestra del desquiciamiento general la proporcionan hechos tan incongruentes como que el Estado español, que forma parte de una zona monetaria pretendidamente óptima —la comunidad del euro—, calcule aplicadamente balanzas fiscales entre sus distintos territorios para complacer a los nacionalistas, y que la Junta de Extremadura penalizara fiscalmente la inversión en otras comunidades. De manicomio.

La incontenible satisfacción que nos ha dado en el pasado reciente el espectacular aumento de los activos —y pasivos— de familias y empresas no debe hacernos olvidar un indicador, inteligentemente destacado por Alberto Recarte, que figura entre los realmente significativos para medir la salud de nuestra economía. Se trata de la estructura del empleo, a saber, la relación entre el número de ocupados en sectores expuestos a la competencia internacional —industria, agricultura, finanzas...— y los que trabajan en actividades al abrigo de dicha competencia —sector público, comercio, labores domésticas, servicios sociales privados a cargo del presupuesto público, servicios externalizados a las empresas...—. Pues bien, en la última década el empleo neto total ha crecido a pesar de la crisis, pero ha descendido sensiblemente en los sectores obligados a competir mientras crecía peligrosamente en los ajenos a esta exigencia.

4. «Lo que tú necesitas saber para esto son dos tardes», le dijo a José Luis Rodríguez Zapatero el entonces secretario de Economía del PSOE, Jordi Sevilla, tras hacerle notar los errores de bulto cometidos en un discurso sobre economía pronunciado por el líder socialista a finales de 2003. *(N. del e.)*

Otro parámetro interesante es la relación entre ocupados en áreas directamente productivas y los que trabajan en el sector público y en servicios sociales privados sostenidos por el presupuesto público o están en el paro. Si este cociente es superior a la unidad, la economía es saludable; si desciende por debajo de uno, las cosas se tuercen. En 2006, este índice fue 1,1; en 1995, 0,73; hoy es 0,72. El cuadro que dibujan estos datos es desalentador, y es el resultado de sucesivos fallos a lo largo de muchos años en la apreciación de las necesidades del país y de los desafíos a los que nos enfrentamos. Nuestros sectores productores de bienes son cada vez más raquíticos, los sectores que más han crecido son los que están a salvo de la competencia externa y los servicios públicos, y las Administraciones han adquirido un tamaño que es ya insostenible por nuestra economía.

Mucho se habla de nuestra decepcionante productividad. No es ningún secreto que la causa de esta seria deficiencia radica en la escasa calidad de nuestro capital humano, en el tamaño medio demasiado pequeño de nuestras empresas, y en un exceso de intervención y regulación propio de una Administración multi-nivel elefantiásica y plagada de duplicidades e ineficiencias. En este último aspecto, las etapas del tripartito en Cataluña y del heptapartito en Baleares han sido simplemente letales. Cuesta creer que comunidades tan ricas, dinámicas y avanzadas hayan podido caer durante años en manos de un grupo de ineptos de semejante calibre. En particular en Baleares se ha dado un caso único en la historia reciente de España y de Europa: el de un partido político, Unió Mallorquina, creado con el exclusivo propósito de saquear las arcas públicas mediante la comisión sistemática de delitos. Este episodio vergonzoso sería por sí solo la prueba de que necesitamos un profundo replanteamiento del conjunto de nuestro sistema institucional, jurídico y político.

Al no poder devaluar porque compartimos nuestra soberanía monetaria, el ajuste se está produciendo en España mediante el desempleo y el déficit, y de ese modo se ha desencadenado la espiral perversa que ya experimentamos en la primera mitad de los noventa. Lo peligroso de nuestro endeudamiento público no es en estos momentos su volumen, sino la rapidez de su crecimiento, que ha pulverizado la confianza en nuestra deuda soberana y nos ha forzado a fuertes recortes sociales de forma brusca y traumática, con la consiguiente agitación social que, en el colmo de la desfachatez, los responsables de las políticas que la han provocado han intentado explotar electoralmente.

Nuestra política energética es otro campo que no induce a la satisfacción. La hemos basado en un fortísimo y veloz crecimiento de las renovables, la paralización de la energía nuclear, el mantenimiento del déficit de tarifa y la imposición del carbón nacional. Habida cuenta de que el déficit de tarifa se solucionará mediante la titularización y que la abundancia de renovables implica un exceso de capacidad instalada, empresas y familias estamos abocados a pagar el kilovatio por hora más caro que en los países de nuestro entorno. Además, la renuncia a la energía nuclear contribuye a este encarecimiento, y deteriora nuestra seguridad de suministro y nuestra contribución a la lucha contra el calentamiento global. Un ejemplo más de cómo los prejuicios ideológicos, el electoralismo y el cortoplacismo nos han impedido seguir la dirección correcta en un área de enorme importancia estratégica.

La asignatura que tenemos pendiente es aumentar y mejorar sustancialmente nuestra capacidad de generar conocimiento y que este conocimiento se traduzca en productos y servicios de alto valor añadido. El montante total de nuestra inversión en I+D+i ha aumentado, pero la inversión privada en este campo sigue siendo insuficiente. Nuestras empresas y universidades han de colaborar más estrechamente, y todavía se dan la espalda en demasiadas ocasiones. En la reciente y hoy añorada etapa de crecimiento y de generación de empleo, nuestra tasa de exportación de productos de alta tecnología disminuía mientras la de muchos de nuestros socios comunitarios aumentaba. Nuestro PIB ha ido creciendo, pero el peso relativo de los sectores de alta tecnología o media-alta ha descendido. Esta tendencia negativa debería haber sido objeto preferente de la atención de nuestros gobernantes, y no los sueños de grandeza, las concesiones populistas o las obsesiones ideológicas que nos han hecho perder un tiempo precioso.

Aunque arrancó y se desarrolló con ímpetu en la época de Aznar, el clímax del monocultivo inmobiliario —que llegó a representar el 15 por ciento del PIB español, con tipos de interés reales negativos— nos pilló con un gobierno que decidió ignorar los rudimentos más básicos de la economía. Nos lanzamos bajo su errática batuta a los más disparatados excesos con un endeudamiento imparable de empresas y familias financiado por el mercado interbancario europeo, lo que derivó en un déficit exterior brutal. Este desequilibrio lastra cualquier política de estímulo a la actividad y a la creación de empleo. Hemos desperdiciado estúpidamente los años de vacas gordas sin aprovecharlos para mejorar nuestra competitividad. El canto de la cigarra se ha apagado y ha llegado la hora de la hormiga laboriosa.

Antes me he referido a la crisis económica como foco que ha iluminado la crisis institucional. Y es que ambas crisis no son independientes: la político-institucional alimenta la económica, y viceversa, y es una quimera creer que es posible arreglar el problema del crecimiento, la competitividad y el empleo sin entrar a fondo en las reformas del sistema en su conjunto. Necesitamos una perspectiva holística, integral, que abarque los fallos del modelo productivo, de la justicia, de los partidos, del mercado de trabajo, de la estructura territorial y de la educación en su totalidad, de una manera sistémica y no como una lista de parches y retoques aislados, por justificados que estén y por correctos que sean.

España se ha ido fragmentando progresivamente y ha perdido cohesión. Se ha dividido en castas —la casta política, la financiera, la periodística, la académica, la cultural, la sindical y la patronal—. Todas ellas miran fundamentalmente para sí y todas ellas dependen demasiado de la casta política para su sostenimiento. Y los partidos políticos han sido otro elemento peligrosamente disgregador. Los dos grandes han abierto entre sí una profunda sima a lo largo de sucesivos enfrentamientos de visceral agresividad y, con ello, han construido una relación corrosivamente maniquea que ha bloqueado acuerdos indispensables para las políticas de Estado y para el eficaz funcionamiento de las instituciones. Otro factor que se debe tener muy presente es que una democracia no puede ser saludable si las piezas fundamentales de su maquinaria no son internamente democráticas. Y nuestros partidos —organizaciones burocráticas, cerradas y endogámicas— distan de serlo. Una Ley Electoral preconstitucional contribuye a empeorar la situación, con sus listas cerradas y bloqueadas, sus circunscripciones de censos desmesurados y su desvinculación entre representantes y representados. Los Congresos son plebiscitarios, el debate interno es prácticamente inexistente y los liderazgos nacen habitualmente de la cooptación en el seno de una reducida cúpula o de designaciones a la mexicana por parte del jefe saliente.

La división de poderes es muy deficiente, y lo que existe es a lo sumo una distinción, que no se traduce en una auténtica independencia. El Ejecutivo controla en la práctica al Legislativo y éste a su vez al Judicial a través de la forma de elección de los vocales del Consejo General del Poder Judicial y de los magistrados del Tribunal Constitucional; y esta patología del sistema se extiende a los órganos reguladores. Al final, el grado de dominio del jefe del Ejecutivo sobre los tres pilares del Estado es ingente y todo acaba dependiendo de la voluntad de una sola persona.

Esta promiscua relación entre los poderes Legislativo, Ejecutivo y Judicial, consecuencia inevitable de un Estado en el que los partidos manejan todas las palancas del sistema, provoca un sinnúmero de efectos indeseables. Y uno de los más perversos, tal como se ha visto, es que la Constitución puede modificarse por medio de reformas estatutarias seguidas de sentencias interpretativas del Tribunal Constitucional a tenor de los intereses coyunturales de una fuerza política mayoritaria en manos de un irresponsable y prisionera de los nacionalistas. Y el desprecio por las reglas de juego de la democracia constitucional llega hasta el punto de que los gobiernos desobedecen las sentencias judiciales sin que pase nada o de que se planteen con total desfachatez la modificación de leyes orgánicas para sortear un veredicto poco favorable del Alto Intérprete de la Norma Suprema.

La lucha cainita entre partidos se ha desenvuelto en un clima intelectualmente paupérrimo y estéticamente vulgar que causa vergüenza ajena a los españoles con un mínimo de criterio y de sensibilidad. No es extraño que los políticos hayan caído a niveles ínfimos de valoración por parte de los ciudadanos y que, en un contexto en el que el presidente del gobierno percibe una remuneración similar a la de un cuadro medio de una empresa cualquiera, paradójicamente se someta a los representantes públicos a un escrutinio humillante de sus ingresos y patrimonio, tal es el grado de desconfianza y rechazo que suscitan en sus eventuales votantes.

Otra característica de la evolución de nuestro sistema político ha sido un progresivo vaciamiento del Estado sin precedentes en la historia contemporánea europea. Este desmantelamiento de las instancias centrales del poder ha tenido lugar en dirección ascendente hacia la Unión Europea, y en dirección descendente hacia las comunidades autónomas. No en vano Pasqual Maragall pudo afirmar con absurda satisfacción cuando era presidente de la Generalidad que el Estado español era ya un Estado residual. Hasta 1993 el Estado de las autonomías fue manejable; a partir de ese año comenzó su desmembración, que no se interrumpió con el cambio de mayoría de 1996. Y, en 2004, la desmembración se transformó en descomposición. Veremos qué sucederá en la legislatura que ahora comienza.

Este proceso suicida ha generado un aumento descontrolado del gasto público que ha intensificado los efectos de la crisis y ha proporcionado a los partidos una herramienta eficacísima para utilizar la Administración como agencia de colocación a su servicio. De 700.000 asalariados públicos que existían en España en 1978 hemos pasado a rebasar los tres millones, y de un porcentaje de gasto público a cargo del Estado central del 91 por ciento hemos bajado al 50 por ciento. Si descontamos la Seguridad Social, hoy el gobierno de la nación dispone para sus competencias tan sólo de un ridículo 22 por ciento del presupuesto nacional. Esta carencia de capacidad de acción y de dinero del Ejecutivo lo deja inerme en circunstancias como las actuales en las que la crisis demanda políticas de oferta dirigidas al conjunto. En otros Estados federales europeos, la distribución es mucho más favorable a las políticas centralizadas; en Austria la proporción es de 70-30, y en Bélgica de 65-35. Y no digamos en los Estados con una regionalización mucho menos acusada, como Francia y Portugal. En nuestros vecinos, el Estado central retiene para sí el 82 y el 88 por ciento del presupuesto respectivamente, y no creo que sean menos democráticos que nosotros. Hemos sacralizado de manera irreflexiva el desmantelamiento del proyecto común, y en este período de dificultad, cuando más lo necesitamos, nos encontramos con un Estado impotente e imposible de mantener.

No es factible garantizar un mínimo de racionalidad y eficacia en un Estado con diecisiete subsistemas legislativos y regulatorios que eligen de forma descoordinada sus preferencias de gasto y de los que el gobierno central no puede controlar el déficit ni el endeudamiento. Desde que empezó la crisis, el Ministerio de Hacienda fue autorizando déficits crecientes a las autonomías, que los incumplieron sistemáticamente, con alguna honrosa excepción como la comunidad de Madrid. Tras los cambios de mayoría que se han producido en las pasadas elecciones autonómicas y municipales, han salido a la luz casos escandalosos de mala gestión y de dilapidación de recursos públicos que en el sector privado hubieran puesto a sus responsables ante los tribunales con las consiguientes sanciones penales. Hemos de soportar el espectáculo indignante de antiguos presidentes autonómicos que disfrutan de las prebendas de su condición —coche oficial, personal a su servicio, despacho y generosa asignación— mientras saben que una gestión similar a la suya por parte de un directivo de una sociedad anónima le hubiese llevado, muy probablemente, a la cárcel.

Es desolador comprobar cuántas de las competencias que el artículo 149 de la Constitución asigna con carácter exclusivo al Estado conserva éste en realidad, al igual que produce estupefacción examinar cómo se ha utilizado el artículo 150.2, convertido en un coladero que ha permitido desafueros inconcebibles en un Estado que se respete a sí mismo.

En el terreno de las relaciones laborales, hemos alcanzado asimismo una situación límite. Nuestro mercado de trabajo es uno de los que peor funcionan en el mundo desarrollado, y gobierno tras gobierno ha sido manifiesta la impotencia para reformarlo. En el punto más alto del ciclo en 2001, nuestra tasa de paro fue del 8,6 por ciento. Se ha calculado que, de los dos millones de desempleados de aquel año, unos 700.000 eran atribuibles a la rigidez e ineficiencia de nuestro mercado laboral. Ahora que la crisis nos golpea con inusitada dureza y estamos ya en un nivel de desempleo del 22 por ciento, la imposibilidad para muchas empresas de reajustar sus plantillas ha provocado el cierre de centenares de miles de PYMES. Los costes del despido son prohibitivos, los convenios colectivos dan lugar a una evolución de los salarios desconectada de la realidad de las empresas, las indemnizaciones y subsidios durante el período de paro desincentivan la búsqueda de un nuevo empleo, y la gente se encuentra atada a su lugar de origen. Un sistema que determina que un asalariado medio si pierde su puesto tras veinte años en la misma empresa por despido improcedente —que es el 80 por ciento de los casos en España—, reciba unas compensaciones y beneficios fiscales equivalentes a casi cinco años del trabajo que ha dejado no parece ni proporcionado ni sostenible. Una característica perversa de nuestro panorama laboral es la anómala dualidad entre fijos y temporales, con un 35 por ciento de temporales en 2007, justo antes del estallido de la crisis, cuando la media en la Unión Europea es del 15 por ciento. Los sindicatos imponen un sistema autoritario y paternalista, herencia del franquismo, que favorece de manera descarada a los trabajadores con contrato indefinido. La delegación que el gobierno hace en nuestro país de la política laboral en los sindicatos, en detrimento del Parlamento y de sus propias competencias, es un factor de distorsión con efectos muy negativos sobre el dinamismo del mercado de trabajo.

Los empresarios tienen horror a que su empresa adquiera un tamaño tal que la someta al control de los sindicatos, y esta inhibición del correcto funcionamiento de las economías de escala perjudica seriamente la competitividad y la inversión en I+D+i. No es normal que en España, de más tres millones de empresas, únicamente 180.000 tengan más de diez empleados.

En cuanto a nuestro modelo social, si bien podemos estar orgullosos de que figura entre los más generosos del planeta, la crisis ha puesto de relieve que ya no podemos mantenerlo. Proporciona sanidad, educación, una parte sustancial de los medicamentos, una parte apreciable del transporte público, y la atención a mayores y dependientes, así como otros muchos servicios y ayudas. Las cotizaciones sociales son el principal impuesto directo en España y se destinan a pagar las pensiones contributivas, el desempleo, la incapacidad laboral transitoria, la formación de los trabajadores y el FOGASA. Este esquema, tal como está planteado, requiere una revisión a fondo. No existe correlación entre lo cotizado y la pensión que se recibe, y el aumento exagerado de las pensiones mínimas durante la etapa de Zapatero ha roto la metodología del Pacto de Toledo y ha dañado la viabilidad del sistema en su conjunto. Descartar la opción de bajar las cotizaciones a las empresas para que mejoren su competitividad o asegurar el futuro alimentando el fondo de garantía ha sido un gesto electoralista que define un estilo irreflexivo y frívolo, y además ha multiplicado el daño causado por la crisis global. El sistema actual, que es de reparto y depende críticamente del número de cotizantes respecto al de beneficiarios, entrará en pérdidas dentro de diez o quince años si no se toman a tiempo drásticas medidas. Es absurdo que un autónomo o un trabajador agrario, después de pasar 35 años cotizando, perciba una pensión muy similar a la mínima o a la no contributiva. Y no digamos la del servicio doméstico, que es incluso inferior. El fraude en las prestaciones por incapacidad alcanza cotas de escándalo debido al descontrol consentido. Las previsiones hechas en una época en que la supervivencia media tras la jubilación era de cinco años no sirven para una esperanza de vida de ochenta años.

5. Qué hay que hacer

Culminado este repaso de los errores que hemos cometido y de los desenfoques en los que hemos incurrido, es de cajón que su enderezamiento y su replanteamiento constituyen la tarea, sin duda formidable, que le espera al nuevo gobierno que ha subido al pescante del Estado. Una relación pormenorizada de las cuestiones concretas que se deberían acometer daría para un montón de páginas, tantos son los cambios legislativos y las medidas que hay que aplicar si se quiere, de verdad, reconstruir una nación en escombros de la que el anterior presidente del gobierno ha sido el dinamitero final. Se sabe tras la reciente campaña que bastantes de estas iniciativas figuran en el programa electoral de la mayoría parlamentaria. Me limitaré a unas consideraciones generales y a la mención de algunos temas específicos que tengo por especialmente relevantes bajo mi exclusiva responsabilidad personal.

En términos generales, hemos de poner de nuevo en valor aquellos de nuestros activos que se encuentran debilitados o adormecidos, así como resucitar los que han sido enterrados. A trazo grueso, hemos de regenerar nuestro sistema democrático; reformar la Constitución estabilizando la estructura territorial, garantizando la unidad de la nación y salvando la salud financiera del Estado; asegurar y reforzar la separación de poderes con particular atención a la independencia de la justicia y de los órganos reguladores; volver a una política exterior seria; articular un nuevo modelo productivo y de crecimiento económico mediante las necesarias actuaciones en los ámbitos fiscal, laboral, energético y de I+D+i; invertir masiva y prioritariamente en la mejora de nuestro capital humano revisando de arriba abajo nuestro sistema educativo; no olvidar que nuestros ejércitos tienen como misión la defensa de la unidad y la integridad de España y de sus intereses vitales mediante el empleo de la fuerza armada; potenciar al máximo nuestro patrimonio cultural y nuestra lengua común; y, como sustrato de este vigoroso empeño rectificador, implantar en la sociedad el conjunto de valores fuertes y de principios éticos que la vertebren y le devuelvan la confianza y la fe en sus posibilidades de progreso material y moral. En definitiva, avanzar en dirección opuesta al frustrante retroceso de los últimos ocho años.

Quiero reiterar, porque nunca se insistirá lo suficiente en este hecho crucial, que una agenda de esta ambición y alcance no se puede abordar parcialmente. Cada una de sus piezas está engarzada a las demás, y las estrategias demasiado cautelosas están condenadas al fracaso. Sin reforma financiera no habrá crédito ni inversión, sin reforma laboral no se podrá incrementar la productividad ni adaptar los salarios a la realidad de las empresas, sin reforma de la Administración no se podrá reducir el déficit ni optimizar la presión fiscal, sin reforma fiscal no se incentivará el ahorro y la inversión, sin reforma de las pensiones nos veremos obligados a bajarlas y a alargar el período de cotización, con las previsibles tensiones sociales que ello supondrá, y sin reforma de la Constitución el suelo se hundirá bajo nuestros pies y el resto de objetivos que hay que conseguir se volverán imposibles o mucho más difíciles. Por consiguiente, se trata de tejer una nueva malla resistente y elástica en la que los nudos que la componen estén sólidamente trabados, y no de remendar fatigosamente una red destrozada.

Voy a ser un poco más concreto, aunque ello implique un cierto riesgo. Estoy convencido de que las siguientes medidas son imprescindibles para ser una nación próspera y para recuperar el prestigio evaporado durante ocho años de pensamiento débil e ideologismo dogmático. Si bien algunos de los puntos que siguen requieren una reforma constitucional, se trata de modificaciones que, al igual que se ha hecho recientemente para incorporar a nuestro ordenamiento básico la obligación del equilibrio presupuestario, son posibles mediante el recurso al procedimiento señalado en el artículo 167 y no al agravado del 168, al que me he referido en el capítulo 2. Esta prudencia obedece a mi intención de propugnar en este libro actuaciones al alcance de una mayoría parlamentaria dentro de esta legislatura que ahora da sus primeros pasos:

- Austeridad extrema en el gasto público corriente para poder aliviar la presión fiscal sobre las empresas y las familias, y disminuir el peso de la deuda del Estado.
- Impuestos más sencillos, sin desgravaciones discrecionales que introducen agravios comparativos y perturban el normal funcionamiento del mercado.
- Supresión del impuesto sobre el patrimonio de las personas físicas.
- Supresión del impuesto de sucesiones de padres a hijos.
- Rebaja de las cotizaciones sociales compensando la pér-

dida de recaudación mediante un incremento del IVA. Es mejor gravar la renta gastada que la generada.

- Erradicación de la cultura del subsidio y del gasto público discrecional, que alimentan el clientelismo. Son legión las entidades supuestamente sin ánimo de lucro que viven del erario y que sirven de correa de transmisión ideológica de los partidos o de suministradoras de empleo para correligionarios y parientes.
- Inversión en infraestructuras que mejoren la competitividad. Las autovías, los aeropuertos y los ferrocarriles de alta velocidad deben construirse para crear riqueza y dinamizar la economía, no para satisfacciones localistas, comercio de votos o enriquecimiento ilícito de los amigos del político de turno. La utilización de proyectos de corredor ferroviario como elemento de confrontación entre comunidades o entre partidos es una muestra de esta instrumentalización de grandes obras públicas sufragadas por el contribuyente.
- Disminución sostenida y gradual de plantillas de asalariados públicos reduciendo drásticamente el número de cargos de confianza y amortizando a la baja las plazas de funcionarios jubilados.
- Cierre de todos los organismos, entidades y empresas públicas superfluas, redundantes o inútiles.
- Cierre o privatización de las televisiones autonómicas y locales de titularidad pública.
- Gestión privada de los servicios públicos cuando se demuestre que se obtiene igual o mejor calidad a menor coste.
- Mantenimiento de la energía nuclear en el mix y derogación del cierre de Garoña.

- La legislación laboral debe decidirse en el Parlamento y no pactándola con los sindicatos.
- Revisión del Estatuto de los Trabajadores por haber quedado obsoleto.
- Eliminación de la financiación pública de sindicatos y organizaciones empresariales.
- Descentralización de los convenios por empresa, lo que implica la desaparición de la indexación con la inflación y de la ultraactividad.
- Reducción del tamaño de los comités de empresa y del número de horas dedicadas a la actividad sindical.
- Fin de la dualidad entre fijo y temporal. Contrato único con condiciones de rescisión equivalentes a la media de la OCDE.
- Adecuación de las indemnizaciones por despido para evitar la cultura de la muerte de empresas y para incentivar la búsqueda de nuevo empleo.
- Establecimiento de un sistema triple para las pensiones de acuerdo con la recomendación de la ONU: una base pública, una parte de capitalización a cargo de la empresa con deducciones del salario y una parte individual destinada a un fondo personal privado.
- Un sistema educativo que proporcione calidad, competitividad y excelencia con independencia de quién sea el suministrador público o privado.
- Aproximación de las tasas universitarias al coste real de la docencia, complementada con un sistema de créditos blandos a devolución diferida y de becas que garantice la igualdad de oportunidades. Hay que financiar a los buenos estudiantes, no a centros burocratizados y no competitivos.

- Implantación de fórmulas de competitividad entre centros de enseñanza secundaria y superior públicos.
- Despolitización completa de las cajas de ahorros.
- Autonomía universitaria auténtica, desvinculando las universidades del poder político.
- Libertad de contratación de profesores en las universidades y extinción del actual sistema funcionarial respetando los derechos adquiridos.
- Políticas agresivas de apoyo a las empresas de alta y media-alta tecnología con capacidad de innovación y de creación de conocimiento trasladable a producto.
- Apoyo a la creación de dimensión en las empresas eliminando los obstáculos que impiden aprovechar las ventajas competitivas de las economías de escala.
- Reforma del Título VIII de la Constitución redefiniendo las competencias del Estado y de las comunidades, y eliminando ambigüedades, lagunas e inconsistencias. La enumeración de lo que hace y decide el Estado y de lo que hacen y deciden las autonomías debe ser inequívoca y no puede dejarse al albur de los Estatutos.
- Revisión del número y composición de las comunidades autónomas. Existen comunidades uniprovinciales cuya existencia no responde a ninguna lógica administrativa, geográfica ni histórica.
- Eliminación del artículo 150.2 de la Constitución.
- Devolución al Estado de las competencias esenciales en educación.
- Supremacía explícita del poder central con capacidad del mismo para controlar de forma efectiva el gasto de las comunidades autónomas y los ayuntamientos.

- Atribución al Estado de competencias en urbanismo y planificación del territorio que impidan el inaudito nivel de corrupción alcanzado hasta hoy.
- Recuperación por parte del Estado de los medios materiales y humanos al servicio de la Administración de Justicia.
- Reposición del recurso previo de inconstitucionalidad.
- Traslado al Tribunal Supremo del recurso de amparo.
- Revisión de la composición, mandato y forma de elección de los órganos constitucionales y de los órganos reguladores para acabar con el sistema de cuotas y garantizar sin mácula su independencia.
- Reforma de la Ley Electoral para establecer un verdadero vínculo entre representantes y representados, y para corregir la actual descompensación entre el número de votos y el número de diputados en el Congreso.
- Reforma de la Ley de Partidos para asegurar que su funcionamiento interno sea democrático.
- Reducción significativa del número de municipios mediante la agrupación de los colindantes.
- Derogación de la Ley de Salud Reproductiva y Sexual e Interrupción Voluntaria del Embarazo y nueva regulación que garantice la protección de la vida desde su concepción sin sanción penal para las mujeres.
- Políticas públicas de protección a la maternidad que ofrezcan oportunidades a las mujeres embarazadas en situación de precariedad para la culminación feliz de su gestación y la adecuada atención en la fase inicial de crianza de sus hijos.
- Regulación de las uniones civiles que garantice los dere-

chos de todas las personas sin desnaturalizar el concepto de matrimonio.

Obviamente, la lista anterior no es exhaustiva y sólo pretende ofrecer una serie de ejemplos del tipo de reformas que España necesita en esta hora difícil de su historia, y que permiten calibrar el alcance y la intensidad de los trabajos de Hércules que aguardan al recién estrenado gobierno si quiere afrontar sin vacilaciones ni medias tintas los desafíos que debe superar nuestra sociedad.

6. Quién ha de hacerlo, cómo y con quién

La respuesta al interrogante de quién ha de emprender y realizar este vasto proyecto de rectificación y regeneración se desprende de mi planteamiento en este libro: corresponde al nuevo gobierno salido de las urnas del 20 de noviembre encabezar y animar una empresa colectiva de una envergadura sin precedentes desde el paso del régimen autoritario a la democracia. Teniendo en cuenta que nuestro sistema político otorga, como ya he mencionado, un poder inmenso, incluso excesivo, al jefe del Ejecutivo, la responsabilidad que aguarda al presidente del Partido Popular es sobrecogedora y requerirá grandes dosis de coraje, liderazgo y patriotismo, porque su misión consistirá, al igual que hizo magistralmente Adolfo Suárez durante la Transición, en desmontar desde dentro un régimen finiquitado y agotado para alumbrar una nueva estructura institucional y una nueva mentalidad colectiva.

En este nadir de nuestra trayectoria como nación, la ascensión al zenit de esa España admirada de la que habla el informe de la Fundación Everis no será fácil ni grata. Los obstáculos que hay que superar, las resistencias que se deben vencer, los legítimos intereses que es necesario conciliar y los ilegítimos a los que hay que enfrentarse asustarían a cualquiera. Y si una cosa nos han enseñado los ocho años aciagos de los que nos disponemos a salir arruinados, divididos y maltrechos los españoles, es que no es cierto, como descubrió a nuestra costa Zapatero, que el gobierno de España pueda estar en manos de cualquiera. El filósofo francés André Glucksmann observó que a una sociedad se la ausculta por lo alto y por lo bajo. Pues bien, después de haber experimentado lo más bajo, necesitamos una ración abundante de lo más alto. Hay ocasiones en la vida de los pueblos en las que la búsqueda de la excelencia es una ineludible necesidad.

Una vez analizados los factores endógenos de la crisis múltiple y aguda en la que nos encontramos, marcada la senda para vencerla y aclarado quién está llamado a protagonizar este proceso de rescate, queda por responder la pregunta de cómo hay que actuar y con quién para asegurar el éxito. En primer lugar, es indispensable que el nuevo gobierno se valga de su mayoría sin ningún miedo escénico e intente construir una doble alianza con la dirección de un PSOE renovado tras la desaparición de los últimos vestigios del felipismo y de los restos del naufragio zapateril y con los sectores más dinámicos, sanos, creativos y decentes de la sociedad civil. Esta alianza servirá para resistir y derrotar a la previsible ofensiva de agitación y subversión que los nacionalistas por un lado y la izquierda más recalcitrante por el otro desencadenarán en la calle. No son momentos para la cautela, el tacticismo, el encogimiento o el refugio en un centrismo descafeinado y pusilánime. Los tiempos son de prueba y de exigencia y demandan valentía, convicción, compromiso, firmeza y capacidad de arrastre. La hora del cambalache entre partidos ha terminado, y se abre una etapa en la que ha de cristalizar una conjunción entusiasta de propósito y de empeño entre la mayoría política y la ciudadanía. La permanencia en los viejos usos y en esquemas superados sería el peor error en las circunstancias presentes y lo pagaríamos muy caro. La nación lleva tres décadas y media jugando un match arduo y fatigoso contra dos de los peores enemigos de la sociedad abierta —los adoradores de la identidad y los fanáticos del igualitarismo—, un match que vamos perdiendo. Busquemos inspiración en nuestros grandes deportistas y, si hemos sido capaces de izar la bandera de España a lo más alto en tenis, en baloncesto, en fútbol, en Fórmula 1 o en motociclismo, hagamos lo mismo en la esfera política a base de voluntad, fe y entrega sin límites.

España ha padecido un monopolio de lo político en detrimento de lo cívico. El poder político ha configurado más a la sociedad que a la inversa, y éste es un rasgo patológico. La relación entre el poder público y la sociedad civil, entre instituciones públicas e instituciones cívicas, ha de ser de ósmosis e interacción continua y no de subordinación y divorcio. Los partidos han adquirido un carácter autónomo dentro de la estructura del Estado, al que dominan y colonizan, a espaldas y en perjuicio de la ciudadanía, de las organizaciones cívicas y de los cuerpos funcionariales. Sufrimos de anemia participativa y existe un alarmante desapego de los ciudadanos hacia los políticos, a los que perciben como un elemento extraño que los parasita.

El diagnóstico de esta España que emerge de unas elecciones decisivas no puede ser halagüeño. Hemos de devolver a nuestros compatriotas la fe en España, la cohesión y la autoestima perdidas. Hemos de vivir acogidos a referencias seguras —el trabajo, la unidad, el esfuerzo, la austeridad, la honradez, el altruismo y el patriotismo— que el socialismo doctrinario y el nacionalismo excluyente han erosionado sin descanso. Y estas referencias han de ganar vigencia en el discurso y en la acción políticos, en el sistema educativo y en los medios de comunicación. La sociedad civil se ha de movilizar para controlar a la clase política y para que sean políticos adheridos a estos valores los que desempeñen las responsabilidades de gobierno y de representación.

Apéndices

Los científicos en la política

Ponencia presentada en las Jornadas organizadas por la Universidad de Cádiz con motivo del cincuentenario de la publicación del libro Las dos culturas y la revolución científica, *de C. P. Snow, el 16 de junio de 2009*

Siempre que me encuentro frente a una audiencia a la que se supone que debo trasladar algo interesante, ameno o instructivo —y me he visto en semejante situación miles de veces, tanto debido a mi actividad docente durante dos décadas como a la política los veinte años siguientes—, me pregunto qué se espera de mí. Hay ocasiones en que la respuesta es fácil. Si uno se dispone a dar una clase sobre la dinámica del sólido rígido, sobre el modelo de capas de la estructura del núcleo atómico o sobre la espectrometría de rayos gamma con detectores de semiconductor, está claro que la explicación ha de dejar satisfechos a los alumnos en cuanto a su mejora del conocimiento de tales cuestiones. Si de lo que se trata es de pronunciar una conferencia sobre multiculturalismo y pluralismo, es obvio que se debe proceder a definir estos conceptos para pasar, a continuación, a exponer las consecuencias de un enfoque multiculturalista o pluralista en la convivencia de la gente que vive en sociedades étnicamente y culturalmente heterogéneas. Y si se comparece ante un público de correligionarios en un mitin electoral, el objetivo es provocar en ellos un estado de adhesión fervorosa mediante recursos retóricos efectistas emocionalmente cautivadores.

He de confesar que he dedicado algún tiempo a decidir cuál iba a ser el contenido de mi intervención esta mañana porque, de entrada, no estaban claros ni su alcance ni su orientación. El título de la sesión, «Los científicos en la política», no ayudaba mucho, y por consiguiente no he tenido más remedio para resolver este interrogante que recurrir al método científico y he formulado una hipótesis: lo que se me pide en esta ocasión es que exponga ante un público fundamentalmente académico cultivador de la historia de la ciencia, epistemología, periodismo científico y otras disciplinas afines o conexas, mi experiencia personal sobre la posible influencia de mi formación y trayectoria previas como investigador en una ciencia de las llamadas «duras» en mi ejecutoria política posterior; eso por una parte y, por otra, mis reflexiones propias, en términos más abstractos, sobre en qué forma las categorías mentales y los métodos característicos de las ciencias matemáticas o de la naturaleza pueden influir en las actitudes y tomas de posición de políticos que proceden de este mundo y no del derecho, de las ciencias sociales, del activismo sindical, de la empresa, del ámbito de las profesiones liberales o de la incorporación a la burocracia de partido desde la primera juventud.

En otras palabras, si existen momentos en los que, ante una decisión política que adoptar o ante un análisis político que realizar, Alfredo Pérez Rubalcaba, Jaime Lissavetzky, Javier Solana, Juan Carlos Aparicio, Bernat Soria o yo mismo, debido al bagaje intelectual y ético adquirido durante nuestra etapa académica e investigadora anterior dedicada a la física, la química o la fisiología, reaccionaríamos o hemos reaccionado de manera distinta a la que mostrarían o han mostrado Federico Trillo, José María Aznar, Manolo Pizarro, Jordi Pujol, Leire Pajín, Antonio Gutiérrez, José Bono, Rodrigo Rato o Pepiño Blanco en circunstancias similares. Si mañana Antonio Fernández Rañada fuese senador o secretario de Estado, ¿ejercería estas responsabilidades con resultados no digo mejores o peores, pero sí diferentes a los que obtendría Teresa Giménez Barbat simplemente a causa de su arquitectura mental, construida por una biografía entregada a la física teórica, y no a la antropología y a la consultoría sobre gestión de recursos humanos, como es el caso de Teresa?

Es evidente que no podemos diseñar y llevar a cabo experimentos que nos conduzcan a una respuesta. Por tanto, tendremos que apoyarnos en historias públicamente conocidas y, a lo sumo, aventurar conjeturas. Si bien será imposible sentar afirmaciones concluyentes, el examen de este tema nos ayudará a pasar un rato entretenido, más por lo que cada uno piense o recuerde que por lo que se permita decir públicamente. Al fin y al cabo, la prudencia es una virtud altamente aconsejable en la ciencia, en la política y en la vida en general.

Permítaseme empezar por un punto bastante prosaico: los órdenes de magnitud. He comprobado numerosas veces que mis colegas de la política, juristas, humanistas —en el caso de los economistas, no me atrevo a ser tan tajante—, sociólogos o autodidactas variopintos son incapaces de evaluar cuantitativamente un orden de magnitud. Si en un informe, un preámbulo de una ley o un artículo de prensa se menciona una cantidad referida a demografía, renta per cápita, consumo energético, gasto presupuestario o cualquier variable expresable mediante una cifra, se tragan cualquier número sin proceder a lo que hacemos de manera automática los científicos retirados o en activo, es decir, un rápido cálculo mental para verificar si la información que se nos suministra tiene sentido.

En no pocas ocasiones, me he visto obligado a llamar la atención de mis ayudantes, de funcionarios del Parlamento o de otros políticos sobre una cifra incluida en un texto que era sencillamente disparatada en términos de orden de magnitud y que ninguno de ellos había advertido. Estos errores proceden habitualmente de una transcripción negligente o de un desliz involuntario, pero es curioso cómo pueden pasar sucesivos escrutinios sin provocar alarma hasta que un ojo acostumbrado a manejar números con precisión exigente arregla el desaguisado.

Otra dificultad práctica para los legisladores o gobernantes ajenos a la ciencia radica en la comprensión de los conceptos contenidos en una norma o en un dictamen referente a cuestiones de cierta complejidad tecnológica o científica. Recuerdo al respecto los esfuerzos ímprobos que otros compañeros de la Comisión ITRE del Parlamento Europeo, físicos, químicos o ingenieros, y yo hemos tenido que hacer para explicar a colegas que en su vida anterior eran profesores de idiomas en secundaria, sindicalistas del ramo de la hostelería o gerentes de una ONG dedicada a la protección del patrimonio histórico por qué la producción simultánea de calor y electricidad en un proceso de cogeneración es más eficiente que su generación separada o por qué nuestra propuesta de que el cemento y el acero deberían ser objeto de una exención en la directiva REACH no obedecía a ningún siniestro contubernio con los lobbies de estas industrias, sino a razones estrictamente objetivas derivadas de la química molecular. He de manifestar con satisfacción que al final nuestra capacidad pedagógica daba su fruto y los convencíamos, lo que demuestra la utilidad de disponer de unos pocos científicos o ingenieros superiores en el proceloso mundo de la política.

Creo que también puede ofrecer cierto interés en el contexto de estas jornadas el confesarles los motivos por los que a la edad de dieciocho años me incliné por matricularme en la licenciatura en Ciencias Físicas en la Universidad de Barcelona y no en otras carreras a las que también me sentía inclinado, como el Derecho, la Literatura Inglesa, la Historia Moderna o la Filosofía Pura. La razón —aunque quizá no formulada entonces con la claridad con la que la manifiesto ahora, pero sí con análogo fondo— fue mi percepción de que las humanidades o las ciencias llamadas sociales podían abordarse sin guía experta sistemática y reglada, y que bastaba para adentrarse en sus profundidades un suficiente número de horas dedicadas a la lectura y a la reflexión autónoma de lo leído; o, lo que es lo mismo, que se puede ser autodidacta en historia, literatura, economía, sociología y demás, pero los intentos de adquirir por cuenta propia un conocimiento extenso y riguroso sobre genómica, teoría cuántica relativista, cosmología o cálculo de esfuerzos en la construcción de puentes colgantes suelen producir personas piradas o estrafalarias que circulan por el mundo haciendo el ridículo.

No quisiera sonar pedante, lo que en una reunión como ésta carecería además de objeto, pero a mí lo que de verdad me ha interesado y me sigue interesando por encima de todo lo demás es el conocimiento, o sea, la capacidad de comprender un fenómeno natural, una etapa histórica, un comportamiento humano o una metáfora poética y disfrutarla en toda su sustancia de forma completa y consistente. Estoy convencido de haber logrado atisbos de semejante privilegio leyendo sin asistencia externa los libros adecuados en la gran literatura de ficción o de poesía, en humanidades y en ciencias sociales, pero tengo la certeza de que jamás hubiera podido conseguir un nivel similar de asimilación a la hora de abordar la ecuación de Dirac, la teoría de grupos o el teorema de existencia y unicidad de las soluciones de ecuaciones diferenciales.

Recuerdo una noche en Cartagena hacia finales de los sesenta, en casa del que es seguramente uno de los más excelsos poetas españoles vivos, José María Álvarez, en la que intenté explicarle el principio de incertidumbre de Heisenberg. José María, que ya entonces era poseedor de una cultura vastísima y que era capaz de citar de corrido a Píndaro, a Virgilio, a Ronsard, a Cervantes, a Shakespeare, a Conrad y a Kavafis, demostró una loable curiosidad por la idea de indeterminación como una ley fundamental de la naturaleza, pero enseguida me di cuenta de que le faltaban nociones básicas de la mecánica más elemental y que esa ignorancia, comparable a la que yo hubiera demostrado si no hubiese sabido cuál es el papel gramatical de los adjetivos en una oración, le impedía seguir mi exposición, que procuré que fuese lo más accesible y sencilla posible. La constatación de que una persona de aguda inteligencia y asombrosa sensibilidad artística, una persona que había escrito ya antes de cumplir veinticinco años versos definitivos, no disponía de las herramientas conceptuales necesarias para entender una ley básica de la física me proporcionó una primera visión de ese océano, que, en palabras de Snow, separa las dos culturas.

Abusando quizá de referencias personales, me viene a la memoria otro suceso que me marcó con fuerza y que, en su intrascendente banalidad, me permitió disfrutar de la misma sensación de plenitud triunfante que seguramente embargó a Arquímedes cuando, supuestamente, lanzó en la bañera su célebre «¡Eureka!». Mientras preparaba mi tesis doctoral en la Universidad Autónoma de Barcelona tenía el encargo docente del Cálculo Diferencial para estudiantes de segundo curso de Físicas. Uno de los textos que manejaba era el Spivak. Pues bien, al final de cada capítulo, como es habitual en estos textos, figuraba una serie de enunciados de problemas no resueltos. Yo procedía a resolverlos, se los proponía a mis alumnos y, si ellos no lo conseguían, les enseñaba a hacerlo.

Uno de esos enunciados sentaba una proposición que emanaba de la teoría expuesta e invitaba a demostrarla. Me encallé al intentar la demostración y durante días no tuve éxito. Tal era mi frustración que consulté a mis compañeros de Física Teórica —yo pertenecía a la clase inferior de los experimentales—, que naturalmente no mostraron el menor interés en el asunto, no sé si porque tampoco sabían cómo demostrar la proposición o porque no podían perder el tiempo en trivialidades. Entonces acudí a las autoridades del Departamento de Análisis Matemático, que le dieron vueltas al asunto, me inundaron de abstrusos razonamientos y generalizaciones intimidantes, pero demostrar la cosa, lo que se dice demostrarla, pues tampoco. Entré en un estado de melancolía que degeneró en obsesión hasta el punto de tener pesadillas sobre el maldito enunciado. Y una tarde en que me encontraba en un banco del Turó Park con una novia de la época —yo era todavía agitadamente soltero— mientras en mi subconsciente seguía dando vueltas el problema de marras. Y entonces, de repente, como si cayese un velo hasta entonces invisible, como si se encendiese una luz inesperada, lo vi, lo demostré, sin papel ni lápiz, mentalmente; y era tan obvio, tan evidente, la simple aplicación encadenada de dos definiciones, que una dicha incontenible y exaltante me poseyó y me levanté del banco con un salto de pantera a la vez que profería un grito o, mejor, un rugido de victoria. No me casé con aquella novia, pero no fue porque ese día ella creyese estar saliendo con un demente, sino por otras circunstancias que no se corresponden con el tema que nos ocupa.

A lo que iba es a lo siguiente: esa sensación de placer inusitado que me embargó, ese efímero vuelo por las alturas del éxtasis cognoscente, que, en un nivel rayano en la insignificancia, debió de ser de naturaleza análoga al sentido por Galileo, por Newton, por Darwin, por Pasteur, por Einstein y por Schrödinger cuando tuvieron el primer vislumbre de lo que después serían sus decisivas aportaciones a nuestro conocimiento del mundo, ¿en qué se diferencia del que experimentaron Miguel Ángel al dar el último golpe de cincel a *La Piedad*, Cervantes al coronar *El Quijote*, Velázquez al rematar el retrato de la infanta Margarita de Austria o Proust al escribir la última palabra de su descripción de la fiesta en la casa de los Guermantes en *El tiempo recobrado*?

Pero, por fascinante que sea este interrogante, me está desviando de mi propósito inicial, que es la forma de estar en política de los científicos, si es que tal forma peculiar existe.

Tratemos de averiguarlo. En primer lugar, hemos de tener presente que los avances en la ciencia se basan, tal como sistematizó magistralmente Karl Popper, en el desacuerdo, en el constante sometimiento de las teorías a la crítica racional, y a su confrontación con los resultados de la observación y los experimentos. Por consiguiente, el científico necesita a sus críticos y lo sabe. Jamás se le pasaría por la cabeza impedir o dificultar el ejercicio de la crítica a sus colegas, porque semejante actitud entraría en contradicción flagrante con las bases metodológicas de su trabajo. Para el científico, que otros se esfuercen en cuestionar sus descubrimientos o sus afirmaciones forma parte de las reglas de juego, y la desobediencia a estas reglas sería a sus ojos no sólo inmoral, sino absurda, en la medida en que obstaculizaría su propio trabajo.

En la ciencia, se eliminan las hipótesis falsas, los experimentos mal diseñados y las observaciones erróneas, pero no se elimina al discrepante, que es una pieza indispensable del proceso investigador. Para un científico metido en política, la aplicación de este principio le apartaría, si se comporta como tal científico, de cualquier maniobra dirigida a silenciar a la oposición o a crear de ella una imagen tan repulsiva como falsa que la inhabilitara ante la opinión para proponerse como alternativa. La imagen de una derecha gótica en torno a la cual hay que levantar un cordón sanitario jamás hubiera podido ser formulada por un científico. Yo, sin ir más lejos, no pretendo borrar del mapa al Partido Socialista ni lo aborrezco. Aspiro a derrotarlo en las urnas y considero necesario que sea uno de los elementos clave de nuestra democracia, por un lado porque su acoso permanente estimula al centro-derecha a mejorar sus argumentos y a elevar la credibilidad y la calidad de sus propuestas, y por otro porque sus notorios errores realzan nuestros aciertos.

En segundo lugar, los científicos respetan el principio del racionalismo crítico como método para aproximarse a la verdad. Así, un científico que desarrolla una actividad política intentará, si es fiel a su pasado, tratar los conflictos políticos de manera racional. Por ejemplo, en 1945 Japón no disponía del arma atómica ni era previsible que la consiguiese a medio plazo. La decisión de arrasar Hiroshima y Nagasaki y matar a decenas de miles de civiles indefensos no fue racional. Hubiera bastado lanzar la bomba sobre un objetivo militar, como una concentración de buques de guerra en alta mar, o realizar una demostración en una isla desierta o previamente desalojada, para provocar la rendición incondicional del ejército imperial. Sin embargo, se realizó un acto de una crueldad escalofriante totalmente innecesario. Los científicos que posibilitaron aquel horror obedecieron, pero no decidieron. Si el final de la Segunda Guerra Mundial en Asia hubiera estado en manos de científicos, muy probablemente aquella hecatombe no habría tenido lugar.

En este mismo orden de cosas, y en relación con un conflicto mucho menos cruento y más próximo, la estrategia de los dos grandes partidos nacionales españoles de tomar como aliados a las fuerzas separatistas para obtener el poder, en vez de articular una gran coalición para defender la unidad nacional frente a la presión disgregadora de los nacionalismos catalán y vasco, carece por completo de racionalidad y no resiste un análisis crítico. La mera idea de gobernar la nación con el apoyo de aquellos cuyo propósito explícito es liquidarla es simplemente insensata. Pese a ello, tanto el Partido Socialista como el Partido Popular han seguido este camino durante treinta años, y la situación de evidente descarrilamiento en que se encuentra el Estado de las autonomías en los ámbitos económico, administrativo, lingüístico, cultural, educativo y político no sólo no los disuade de continuar por dicha vía, sino que perseveran en el disparate. Me complace afirmar aquí que gran parte de mis planteamientos respecto a este tema crucial, que son bien conocidos, se basan en un abordaje científico, es decir, críticamente racional.

En tercer lugar, los científicos no son relativistas en el sentido moral ni epistemológico del término. Y no lo son porque creen que la verdad existe. Puede que ésta no sea accesible o ni siquiera comprensible, pero el fin de la ciencia es aproximarse a ella tanto como sea posible. Por supuesto, las verdades de la ciencia, formuladas mediante teorías, son siempre provisionales y parciales, pero ello no resta a la verdad como categoría su carácter de objetivo último de la labor de la ciencia. Si la verdad no existiera o el concepto mismo de verdad estuviese despojado de significado, la tarea de los científicos sería inútil, y los fundamentos epistemológicos y éticos de su quehacer se vendrían abajo.

En el prólogo al libro de Jordi Sevilla *De nuevo socialismo*, firmado por José Luis Rodríguez Zapatero, figura un párrafo que ha sido ampliamente citado y comentado. Este párrafo reza lo siguiente: «*Ideología* significa "idea lógica", y en política no hay ideas lógicas, hay ideas sujetas a debate que se aceptan en un proceso deliberativo, pero nunca por la evidencia de una deducción lógica.» Prescindiendo de la definición de *ideología* de ZP, de acuerdo con este planteamiento la política no pertenece al dominio de la lógica ni, en consecuencia, al de la racionalidad. Desde esta perspectiva, se puede cerrar Garoña, impulsar un Estatuto de Cataluña que tritura la Constitución vigente, negociar con terroristas otorgándoles el estatus de interlocutores políticos del Estado de derecho, negar una crisis económica galopante y considerar que un feto humano de catorce semanas no es humano. En la medida en que no hay una verdad —identificable o no, alcanzable o no, pero verdad al fin y al cabo—, no caben límites a los disparates que el poder puede cometer.

Otra frase igualmente notable del presidente del gobierno es aquella que descubre que «no es la verdad la que nos hace libres, sino la libertad la que nos hace verdaderos». Más de lo mismo. Nuestra senda hacia el conocimiento o hacia el bien no está guiada por la luz, percibida, velada o deseada, de la verdad. Nada de eso, lo correcto según esta edificante tesis es dar tumbos sin otro báculo que nuestra voluntad arbitraria, a ver lo que sale. Y lo que sale es invariablemente lo que posibilita ganar las elecciones; todo lo demás pasa a un segundo plano. Es innecesario que yo explique a esta sala que, para un político equipado con un bagaje intelectual y moral procedente de una etapa anterior dedicada al laboratorio y a la reflexión teórica orientada por la experimentación, la observación, la precisión cuantitativa y la validación de las teorías por la evidencia contrastable, las piruetas filosóficas del presidente del gobierno han de suscitar la consiguiente mezcla de rotundo rechazo y desazonada inquietud. Si a un político que antes de serlo fue científico le inspiran otra cosa tendrá que explicarlo; y yo, en el más puro espíritu científico, estaré muy atento a sus argumentos. Ahora bien, mientras no se me demuestre lo contrario, seguiré convencido de que el ejercicio del poder por parte de alguien que considera que la verdad es un estorbo representa una amenaza de primera magnitud para el presente y el futuro de la sociedad española.

En cuarto lugar, un científico nunca es rupturista ni adanista. Cuando elabora una teoría nueva sabe que ha de englobar los logros de las precedentes y que, aun siendo aquélla de mayor alcance y capacidad predictiva, también es provisional e incompleta y un día será destronada por otra más potente. Galileo superó a Copérnico, Newton a Galileo y Einstein a Newton, pero todos ellos fueron conscientes de haberse alzado hasta la excelencia de sus hazañas intelectuales a hombros de gigantes de quienes se sabían herederos. Bajo este prisma, sería contrario al espíritu científico por parte de un gobierno hacer tabla rasa de la obra de un gobierno anterior simplemente porque tenía un color político distinto con independencia de si el legado era acertado o no, reabrir antiguas heridas que la historia hubiera ya cicatrizado para reescribirla con criterios partidistas o revanchistas, así como ofender gratuitamente las creencias de una gran parte de la sociedad por motivos sectarios. El científico tiende normalmente a la humildad y toma precauciones antes de sustituir lo obsoleto por lo novedoso. En el dominio de la ciencia, un modelo es una simplificación de lo complejo para entenderlo de forma aproximada. Los modelos empleados por los científicos son el reconocimiento de lo limitado de sus conocimientos o de sus herramientas de cálculo. Los modelos de los ideólogos son intentos plagados de soberbia de definir la sociedad ideal, sea cual sea el coste de la transformación requerida. Niels Bohr era un científico. Pol Pot era un ideólogo. En otras palabras, el científico prefiere la reforma que amplía y mejora a la revolución que destruye. Se trata de una manera de proceder que ofrece indudables ventajas trasladada a la política y que, de haberse aplicado a lo largo de los siglos, le hubiera ahorrado a la humanidad considerables sufrimientos, por no mencionar la cantidad de disparates que habría evitado en la España actual.

En definitiva, la ciencia aspira a comprender la realidad y la política, demasiado a menudo, a dominarla. El objetivo de la ciencia es el conocimiento, y el de la política, el poder. Poder que puede ser bien o mal empleado, pero que como tal contiene indefectiblemente, en lúcida observación de Von Mises, la semilla del mal. Los científicos que se incorporan a la política, si se mantienen fieles a los principios de su oficio —el respeto al discrepante, el racionalismo crítico, la búsqueda de la verdad y la preferencia por la reforma creativa frente a la revolución destructora—, están mejor preparados que otras clases de intelectuales para administrar este veneno en las cuidadosas dosis homeopáticas que lo convierten en benéfico. Pero son seres humanos y, como tales, son susceptibles de traicionar su vocación originaria embriagados por el brillo de la púrpura. A los que resisten la tentación se los reconoce porque se mantienen alegres, prefieren callar antes que mentir, miran de frente a amigos y a adversarios y son inasequibles al desaliento. A los que sucumben se los distingue por el hálito de fría amargura que los envuelve y por una especial maestría en el engaño a sí mismos y a los demás.

Para terminar, no quiero rehuir una conclusión final: leales o desleales a su pasado, consecuentes o no con su vocación inicial, es conveniente que un número significativo de científicos se incorpore a la política, aunque sólo sea porque un científico, en el supuesto de que llegara a La Moncloa, jamás le diría a su cónyuge en la intimidad del tálamo: «No te puedes imaginar la cantidad de españoles que podrían ocupar mi puesto.» Y es que un científico puede perder en su tránsito por la política muchas de sus virtudes, pero siempre conservará el pudor a la hora de aventurar estimaciones estadísticas.

No digas que fue un sueño

Intervención en el encuentro «La Conciencia Europea y los Crímenes del Totalitarismo Comunista: Veinte Años Después», organizado en Bruselas por la presidencia checa de la Unión el 18 de marzo de 2009

La caída del Imperio soviético causó tal conmoción en el mundo que hizo nacer un mito: el del fin de la historia. En palabras del más célebre de sus cultivadores, Francis Fukuyama, «al final de la historia, a la democracia liberal no le quedan competidores serios». Esta ilusión grandiosa duró muy poco, apenas unos años a principios de los noventa. En aquellos días gloriosos y exaltados, las democracias occidentales y sus sociedades abiertas creyeron que, efectivamente, su modelo ilustrado y racional se había impuesto por la evidencia de sus logros. El ideal kantiano de la paz perpetua parecía al alcance de la mano, y la Unión Europea y los Estados Unidos se dispusieron, cada uno a un lado del Atlántico, a conducir benévolamente al conjunto de los pueblos del planeta hacia un nuevo orden internacional sin otros conflictos que los derivados de la pacífica competencia comercial. El largo sufrimiento de las naciones del Este europeo bajo la bota del Kremlin había terminado, y de aquel martirio, como sucedió con los primeros cristianos en la Antigua Roma, surgía deslumbrante y renovada la fe en los principios liberales: el respeto a los derechos humanos, la economía de libre mercado, el imperio de la ley y la globalización del comercio como fuente inagotable de creación de riqueza para toda la humanidad. Los hasta entonces conocidos como «países satélites» de la Unión Soviética regresaban así a su matriz natural, la Europa de la Ilustración y de la libertad, mediante revoluciones de terciopelo en las que apenas se derramó sangre. Su reconquistada independencia era el triunfo de una cosmovisión hecha a la medida de la condición humana sobre otra que la había ignorado cruelmente. A diferencia de los métodos brutales con los que se había impuesto el comunismo aplastando la voluntad de sus víctimas, en Praga, en Varsovia, en Vilna, en Riga, en Budapest y en las demás capitales liberadas del dominio de Moscú, la gente disfrutaba de una victoria alcanzada gracias al poder de las ideas y no de los tanques.

¿Quién podía dudar en el transcurso de aquellas jornadas de desbordante alegría de que amanecía una edad de oro en la que los totalitarismos opresivos, las identidades asesinas y los nacionalismos excluyentes habían sido definitivamente derrotados? Sin duda, el panorama reinante invitaba al optimismo y a la confianza. La democratización de Rusia, tímidamente apuntada ya en época de Gorbachov y su *glasnost*, redefinía y replanteaba los intereses y las prioridades de la gran potencia euroasiática, que renunciaba a su control imperial de Europa oriental y a sus pretensiones de superpoder con vocación de hegemonía mundial. Los nuevos equipos que dirigían la política rusa ya no percibían a Estados Unidos y a la Europa occidental como enemigos, sino como potenciales socios, y su deseo era integrarse y cooperar con las democracias avanzadas, pues se habían marcado el objetivo de ser lo antes posible una más entre ellas. China, traumatizada por la matanza de Tiananmen, se encontraba aislada, concentrada en el programa de reformas económicas liberalizadoras que rompían inequívocamente con su pasado colectivista y dotada de un ejército que, pese a su enorme tamaño, no estaba adaptado a la moderna guerra tecnológica. Japón entraba en una década de recesión, y la India aún no había despegado.

En cuanto a Europa, su proceso de progresiva integración ofrecía un modelo de construcción de instituciones supranacionales, de renuncia a la fuerza para la resolución de conflictos y de eliminación de fronteras. La Unión Europea, en este contexto esperanzado de cambio de ciclo histórico, aparecía como el paradigma de los nuevos tiempos: primacía de valores universales sobre las diferencias culturales y lingüísticas, superación de viejos enfrentamientos de corte nacionalista, y apertura de amplios espacios de libre circulación de personas, capitales y bienes. Tal como había escrito Montesquieu, «el efecto natural del comercio es conducir hacia la paz».

Por desgracia, este espejismo sedante ha durado poco tiempo y apenas hemos tenido tiempo de disfrutarlo. La segunda mitad de la década de los noventa vio cómo irrumpían de nuevo con tremenda capacidad destructiva a tres fuentes de conflicto que nos devolvieron a escenarios que creíamos haber dejado atrás. En primer lugar, las grandes potencias —Estados Unidos, Rusia, China, Japón, la India, Irán— están otra vez agresivamente entregadas a pugnas por el predominio regional en sus áreas de influencia. En segundo, el clásico enfrentamiento entre liberalismo y totalitarismo ha resucitado y los países se alinean de acuerdo con el carácter más abierto o más autoritario de sus regímenes políticos. Desde esta óptica, las extrañas alianzas que se están gestando entre los caudillajes populistas e indigenistas de América Latina, Rusia e Irán ofrecen perspectivas inquietantes. Y, en tercer lugar, el choque sangriento entre los islamistas radicales y las sociedades democráticas occidentales ha adquirido una virulencia inusitada, agravada con la aparición de Estados fallidos, como Afganistán, Somalia, Sudán y probablemente Pakistán, en los que los grupos musulmanes fanáticos encuentran campo abonado para imponer su barbarie. El vendaval de la historia vuelve a soplar amenazador y el mundo bipolar, estabilizado por la doctrina de la destrucción mutua asegurada, ha sido reemplazado por el caos de una multipolaridad violenta e imprevisible.

De esta sucesión acelerada de acontecimientos, la lección que debemos extraer es simple y está impregnada de humildad. De la misma forma que el determinismo histórico marxista se demostró falso tras segar un centenar de millones de vidas y arrastrar a las sociedades en las que se impuso a la miseria moral y material, un determinismo liberal de signo contrario tampoco es recomendable, porque nos puede hacer concebir ilusiones sin fundamento y debilitar nuestro compromiso en la defensa de nuestros principios. Por desgracia, no es cierto que el progreso humano sea unidireccional y apunte hacia el paraíso en la Tierra.

El siglo XX europeo fue el de los horrores, y a la victoria de las democracias en la Segunda Guerra Mundial siguió medio siglo de esclavitud para la mitad de Europa. El derrumbe del llamado «socialismo real» no representó, pues, el fin de la historia, sino una pausa para café en la lucha por la libertad. Hoy estamos de nuevo en pleno fragor del combate, con la diferencia de que el antiguo enemigo, que nos oteaba desde sus vastos y helados dominios al otro lado de las alambradas, ha sido sustituido por una red polimorfa e inasible de células de asesinos sin entrañas que se mueve sigilosa bajo nuestros pies.

En el maravilloso poema de Kavafis titulado «Los dioses abandonan a Antonio», uno de sus versos es plenamente aplicable a los tiempos actuales. «No digas que fue un sueño», le recomienda el poeta al héroe romano en su tensa espera de la batalla definitiva. Porque, en efecto, la epopeya que nos elevó a la cumbre de la dicha hace veinte años y de la que fueron valientes protagonistas nuestros conciudadanos europeos de la mitad oriental de nuestro continente no fue un sueño; fue una realidad magnífica, aunque no marcó el punto final de nuestra empresa.

Nuestro tesoro no se encuentra en el puerto de destino de una travesía previamente trazada por el devenir inflexible de la historia. Nuestro tesoro es, como el de Ulises, el viaje mismo en el que ahora navegamos juntos, hombro con hombro, todos los europeos del Este y del Oeste unidos por un común propósito. Y es este azaroso periplo, abundante en peligros y decepciones, que seguramente no terminará nunca, el que nos define y nos ennoblece.

La democracia pluralista basada en la dignidad inalienable de cada individuo es un sistema frágil, permanentemente expuesto a las amenazas del fanatismo, del tribalismo y de la corrupción. Su preservación requiere un esfuerzo continuo, cada minuto, cada hora, cada día, sin un instante de vacilación o de debilidad. Por eso estamos orgullosos de nuestro proyecto de integración europeo, por eso velamos cada noche nuestras armas por si mañana somos otra vez convocados al sacrificio y al dolor. Pero con una novedad decisiva que se produjo hace dos décadas y que ha cambiado la fisonomía de Europa: a partir de aquellas fechas luminosas, los enemigos de la sociedad abierta nos hallarán juntos a todos los europeos, del Este y del Oeste, del Norte y del Sur, y nada ni nadie podrán separarnos jamás.

América Latina en el mundo occidental

Conferencia pronunciada en el Instituto Tecnológico de Monterrey, campus de Chihuahua, México, el 28 de octubre de 2008

La colaboración tan especial que la Unión Europea se honra en sostener con México forma parte de un cuadro más general: el de la primordial atención que Europa presta a América Latina desde hace mucho tiempo y que, en este convulso arranque del siglo XXI que estamos viviendo, se ha intensificado aún más si cabe. Y es sobre la visión que desde el otro lado del Atlántico tenemos de su gran comunidad de naciones sobre lo que me propongo esta mañana ofrecerles unas breves consideraciones.

En esta ocasión que ustedes me brindan de poner en común nuestros pensamientos, yo podría caer en la tentación de realizar una intervención meramente protocolaria, de tono cuidadosamente institucional y de contenido exquisitamente neutral. Sin embargo, asumiré el riesgo de exponerles mis convicciones personales y mi manera de entender, y por supuesto de querer, a América Latina. América Latina, Iberoamérica, Hispanoamérica, conceptos distintos pero íntimamente enlazados en la medida en que cada uno incluye al siguiente. Ustedes son mexicanos y, por tanto, latinoamericanos, iberoamericanos e hispanoamericanos. Yo soy español y, por consiguiente, europeo, iberoamericano e hispanoamericano, porque Iberoamérica e Hispanoamérica son denominaciones que abarcan las dos orillas del océano que nos une y nos separa. Yo soy ciudadano europeo, y mis afinidades con un sueco, un húngaro, un estonio o un alemán son políticas, institucionales y económicas. Compartimos unas instituciones, un derecho común, una configuración ética, un mercado y, sin duda, una cultura: la cultura europea. ¿Qué comparto, como español, con ustedes? Una historia, una sangre, una lengua, una emoción que únicamente presta saberse hecho de una misma materia amasada por los siglos. A mis conciudadanos de los veintisiete Estados miembros de la Unión Europea estoy vinculado por una empresa política, económica y moral de considerable calado y admirable propósito. A ellos me ata mi razón europea, con ustedes me funde mi corazón de español. Pese a ello, hoy estoy aquí en mi calidad de vicepresidente del Parlamento Europeo y en mi exposición procuraré no olvidarlo, aunque me costará un poco estando en la grata compañía de tantos hermanos hispanoamericanos.

Permítanme empezar con una declaración de principios: América Latina pertenece, por su historia, por su voluntad y por su cultura, a la civilización occidental. Occidente no es una ubicación geográfica, es un espíritu, una forma de entender el hombre y la sociedad, es un sistema de valores que aspira a ser universal. Repito y recalco: América Latina es una parte sustancial del mundo occidental. Esta obviedad conviene enfatizarla, porque en los últimos años han surgido fuerzas que pugnan por apartar a América Latina de Occidente, que pretenden embarcarla en un viaje regresivo hacia un pasado mítico incompatible con la sociedad abierta. Nadie puede poner en duda a estas alturas que América Latina se nutre del legado grecolatino, del humanismo cristiano, de las Luces y del racionalismo crítico. La democracia, las libertades civiles y políticas, el pluralismo, la tolerancia, el respeto a los derechos fundamentales de la persona, la economía de mercado, la separación e independencia de los tres poderes que conforman el Estado, la igualdad ante la ley, el rechazo a cualquier discriminación por raza, sexo, opinión o creencias son elementos definitorios de la sociedad latinoamericana, irrenunciables e irreversibles.

Esta concepción del ser humano y de la organización de su vida colectiva, de la dignidad intrínseca de cada mujer y de cada hombre, de que las decisiones que afectan a todos no se toman en el cerrado hermetismo del palacio del sátrapa sino en la limpia transparencia del ágora, de la separación —ya percibida por los presocráticos— de la *physis*, que abarca el orden natural, y el *nomos*, que engloba el orden social, de la propiedad y la libertad ejercidas bajo el amparo de la ley, no son incrustaciones extrañas impuestas desde el exterior en el cuerpo exuberante de Latinoamérica, son piezas esenciales de su cosmovisión, son los pilares que sustentan su cultura política y su conciencia moral, son la garantía de su futuro en paz, estabilidad y prosperidad. Latinoamérica no ha sido ocupada por la civilización occidental, sino que ha crecido con ella y ha contribuido con entusiasmo a forjarla. Éstas son verdades tan evidentes como vulnerables.

Las amenazas sobre la sociedad abierta son recurrentes y formidables. El fin de la historia fue una ilusión pasajera que se disipó con el polvo levantado por la caída del Muro de Berlín. La historia continúa y los monstruos totalitarios que asolaron Europa durante el siglo XX fueron derrotados con un tremendo coste en sufrimiento y en vidas humanas; pero, bajo nuevas formas, lenguajes, ropajes y pretextos, los enemigos de la libertad resurgen y porfían en su objetivo siniestro. Nacionalismos étnicos excluyentes, fanatismos religiosos, populismos demagógicos, indigenismos retrógrados, neoestatalismos autoritarios, alianzas antisistema del más diverso pelaje, siembran la muerte, el odio, la destrucción y la incertidumbre en Europa, en Asia y en África. También en América Latina asoman su rostro inhumano y dibujan perspectivas sombrías. Ante los latinoamericanos se perfilan en esta etapa histórica dos caminos: uno equivocado, el otro acertado; uno oscuro, el otro luminoso; uno liberador, el otro opresor.

Frente a los que se afanan en rebajar a los latinoamericanos a partículas anónimas sumergidas en la masa amorfa de clanes ancestrales y a arrancarlos de su matriz occidental, debemos alzarnos los que, en Latinoamérica y en Europa, concebimos a los individuos como personas que recorren trayectorias propias e intransferibles en las que el bien común ha de ser compatible con la inviolabilidad de la sagrada esfera de lo privado. Todos los que creemos, en Europa y en Latinoamérica, en el ser humano como fin y no como medio, todos los que hemos comprobado, en Europa y en Latinoamérica, que a la igualdad se llega a través de la libertad y no al contrario, todos los que, en Europa y en Latinoamérica, sabemos que la riqueza no se distribuye si antes no se crea, todos los que afirmamos, en Latinoamérica y en Europa, que el fértil hecho del mestizaje no empaña sino que enriquece y refuerza la identidad occidental de América Latina hemos de caminar juntos por la senda correcta, sin vacilaciones, sin temores y sin complejos.

Una vez proclamado con rotundidad el carácter occidental de América Latina, examinemos su historia reciente con mirada crítica y desde una perspectiva europea para intentar un diagnóstico que nos facilite una propuesta estratégica que Europa y Latinoamérica puedan emprender asociadas para su mutuo beneficio.

Cuando América Latina encaraba el último tercio del siglo pasado, una ola de esperanza recorría el subcontinente. Un notable crecimiento económico, una evolución demográfica espectacular que, tras partir de los sesenta millones de habitantes en 1900, superaba los quinientos millones en el año 2000, un progresivo cierre de la brecha que los indicadores de desarrollo en salud, educación y bienestar mantenían con el mundo industrializado, reformas modernizadoras en los sistemas fiscales y financieros culminadas con éxito en el período previo a la Segunda Guerra Mundial y una extraordinaria capacidad para atraer inmigración extranjera erigieron América Latina como el continente del futuro. Sus vanguardias artísticas, literarias, musicales y arquitectónicas han causado y causan la admiración en Europa y en Norteamérica, y su pujanza parecía no tener límite. Por desgracia, en los años setenta del siglo XX esta marcha ascendente se interrumpe y la retirada de capitales foráneos, la crisis de un modelo de crecimiento basado en el nacionalismo económico, en el proteccionismo, en la sustitución de importaciones y en el gigantismo del sector público, así como el descontrol de la deuda suponen un choque traumático para muchos países de la región.

La década de los ochenta es calificada elocuentemente como la «década perdida», y en los noventa se cambia de orientación y se acometen reformas liberalizadoras con el apoyo de las instituciones crediticias internacionales. Son los tiempos del posteriormente denostado «consenso de Washington», que sanea la deuda y contiene los déficits y la inflación. Pero estas medidas, que no se aplicaron de forma completa y consistente ni en toda la región por igual, no consiguieron proteger a Latinoamérica de las sucesivas crisis financieras que desembocaron en el desgraciado lustro de 1998 a 2002. En los albores del siglo XXI, las políticas expansionistas del mundo desarrollado y el fuerte crecimiento mundial, ahora yugulado por la presente crisis financiera global, ofrecieron a América Latina nuevas oportunidades de retomar la vía del progreso y de la modernización.

Ahora bien, reconozcamos que el principal problema latinoamericano no es económico, sino institucional. La región es rica en recursos naturales, goza de un capital humano con un potencial y un volumen envidiables, dispone de élites preparadas y competentes, como las que se forman todos los años en la ejemplar institución universitaria que nos acoge esta mañana, y los sistemas políticos y jurídicos que imperan en sus distintos países responden a los mismos principios que los existentes en las naciones más avanzadas y prósperas del planeta... Pero América Latina no despega del todo y sigue debatiéndose en la contradicción entre sus inmensas posibilidades y su insatisfactoria realidad. El porcentaje de población que malvive en la pobreza, la llamativa desigualdad de rentas entre los estratos más altos y más bajos de la sociedad, la violencia, la insuficiente implantación de las clases medias, la corrupción y la degradación medioambiental contrastan dolorosamente con los muchos logros que, en los terrenos económico y social, se van registrando en determinadas zonas del subcontinente, algunos de ellos —y muy sobresalientes— aquí en México, y que demuestran que, cuando los latinoamericanos quieren, pueden.

En efecto, no hay factores intrínsecos que condenen a Latinoamérica al estancamiento y a la frustración; es una cuestión de voluntad política y de moral colectiva. En este contexto, la asociación estratégica con la Unión Europea resulta clave, no porque Europa pretenda dar lecciones a América Latina —que ni las necesita ni las consentiría—, sino porque los europeos hemos aprendido de nuestros trágicos errores y hemos comprendido al fin que son las estructuras institucionales, correctamente diseñadas y articuladas junto a una ética pública bien asentada en el conjunto de la ciudadanía, los pilares de la estabilidad, la paz y el progreso. Nuestros tremendos fracasos del pasado, que nos han aproximado al abismo de la aniquilación, nos han enseñado a ser humildes y a dotarnos de instituciones que, además de ayudarnos a ser eficientes, decentes y competitivos, corrijan nuestras eventuales torpezas, nos protejan de nuestras muchas fragilidades y moderen nuestros ocasionales excesos.

América Latina se enfrenta a dos falsificaciones de su verdadera identidad. La primera queda reflejada en la consideración de Huntington en su libro *¿Quiénes somos?* de los latinoamericanos, a quienes llama los «otros», como un ingrediente adulterador y perturbador del proyecto colectivo y del modo de vida estadounidense. Semejante planteamiento representa un desenfoque muy peligroso de la realidad latinoamericana, y revela un profundo desconocimiento de un vecino que tiene mucho que ofrecer y del que no se puede prescindir. Nadie en esta sala está a favor de la inmigración ilegal, pero también sabemos que no hay muro físico capaz de contener el legítimo anhelo humano de aspirar a una vida mejor. No son las vallas electrificadas ni las murallas de cemento ni los radares ni las patrullas armadas los que ordenarán los flujos migratorios. Los instrumentos apropiados para afrontar un problema que afecta a seres humanos cuyos derechos fundamentales y cuya integridad y dignidad deben prevalecer por encima de todo son la cooperación, la mutua comprensión, el trabajo leal y conjunto, la generosidad y la prudencia.

La segunda falsificación procede de dentro y está germinando en el seno de la propia América Latina. Tengo en la mano una fotografía que muestra a los presidentes Chávez y Morales y al vicepresidente Lage luciendo tocados indígenas en el momento de dirigirse a una masa enardecida en Sinahota, en Bolivia, en mayo de 2006. ¿Qué nos transmite esta imagen, entre artificial y grotesca? Nos transmite la existencia de un plan premeditado y cuidadosamente urdido de conducir a América Latina por derroteros de demagogia, de colectivismo anacrónico, de populismo igualitarista y de división social sobre bases étnicas. O sea, un disparate monumental que, en caso de triunfar, anularía décadas de modernización y de progreso material y cultural, y empobrecería aún más a aquellos a los que supuestamente se propone salvar.

En el combate intelectual, político y democrático contra estas dos falsedades —la de la percepción de América Latina como un componente anómalo y retardatario de Occidente y la de la llamada a la recuperación de una impostada arcadia precolombina—, la mayoría de la Unión Europea cierra filas con América Latina y con sus instancias sociales, académicas, políticas, profesionales y empresariales comprometidas con los valores occidentales de libertad, de pluralismo y de ciudadanía. Desde esta óptica, la asociación estratégica entre la Unión Europea y América Latina adquiere una acentuada relevancia, porque nos jugamos mucho en esta lucha permanente entre los partidarios de la sociedad abierta y los totalitarismos, por más que se cubran con gorro de indio aimara o con turbante de clérigo chiita.

Hemos de ser conscientes de que las dificultades actuales no son fruto de la casualidad o de una desgracia fortuita. Nuestra mirada hacia el pasado no ha de ser complaciente porque únicamente la lucidez sobre los fallos pretéritos nos indicará el rumbo adecuado para el porvenir. El invento estrafalario y agresivo del llamado pomposamente por sus apóstoles «socialismo del siglo XXI» no surge de la nada ni se implanta en América Latina por motivos banales. Cuando, a finales de los ochenta, la desaparición de las dictaduras militares y el derrumbe de los paradigmas clásicos de la izquierda acaba con la sangrienta espiral de terrorismo y represión que había desgarrado a Latinoamérica en la década anterior, se abre una ventana de esperanza que muestra un paisaje de recuperación y de reconciliación. Lamentablemente, por mucho que nos disguste reconocerlo, ese período de ilusión no fue debidamente aprovechado por los partidos tradicionales, tanto de centro-izquierda como de centro-derecha, que lo desperdiciaron enredados en políticas egoístas de corto recorrido, sin coraje para sacar adelante las reformas estructurales necesarias y atrapados en la venalidad y el clientelismo. Es innecesario poner ejemplos, porque señalar es de mala educación y las ejecutorias de cada cual son sobradamente conocidas.

América Latina ha de entregarse sin demora al fortalecimiento de su entramado institucional, y sus clases dirigentes esclarecidas y patriotas deben sanear y apuntalar aquellas de sus democracias que aparecen todavía como frágiles e inmaduras.

No se requiere una clarividencia singular para llegar a la conclusión de que el abandono de la tradición liberal en el transcurso del siglo XX implicó sistemáticamente la hipertrofia del Estado, que invadió ámbitos que no le son propios y descuidó otros que sí le corresponden, a saber: la educación, la salud pública, la justicia, la seguridad y la protección social. El exceso de regulación y el gigantismo de las maquinarias de la Administración generó burocracias ineficientes y parásitas, y con ellas el descrédito de las instituciones. Contempladas con la perspectiva que da el paso del tiempo, es muy probable que las reformas democratizadoras y liberalizadoras de los noventa se introdujesen más por instinto de supervivencia y por la presión de los organismos internacionales que por verdadera convicción.

Otro síntoma inquietante de la pérdida del sentido de lo importante frente a lo episódico en América Latina lo hallamos en los reiterados frenazos y retrocesos en los procesos de integración subregional. La Unión Europea observa con preocupación los tropiezos que surgen en la construcción de la Comunidad Andina, del Mercosur y de la Comunidad Centroamericana. Los acuerdos de asociación con estas subregiones no podrán cerrarse, tal como es nuestro deseo, hasta que no tengamos como interlocutores a estructuras bien articuladas y estables. El éxito innegable de los acuerdos de asociación de la Unión Europea con México y Chile debería ser suficiente acicate para acelerar estos prometedores proyectos.

Una lectura somera de los índices de libertad económica, de transparencia, de buen gobierno y de competitividad elaborados por agencias de evaluación internacionales de probada solvencia demuestra que América Latina no ocupa en estas listas de mérito el lugar que le corresponde en función de sus abundantes activos tangibles e intangibles. Un 40 por ciento de la población por debajo del umbral de la pobreza y el nivel de desigualdad más pronunciado del planeta debería provocar en la sociedad civil latinoamericana un ejercicio muy serio de autocrítica. Les reitero en este punto que la Unión Europea no se propone tutelar a nadie ni intervenir en los asuntos internos de los demás, pero está permanentemente dispuesta a colaborar con sus socios y amigos, y a ofrecerles su experiencia y su leal y respetuosa opinión; si se nos solicita, naturalmente.

No es fácilmente justificable que una región del planeta que disfruta de una homogeneidad lingüística y cultural que ya quisiéramos en Europa permita que se encallen procesos de integración tan urgentes como beneficiosos, como tampoco lo es que un subcontinente que cuenta con algunas de las universidades más antiguas del planeta y en el que se hallan naciones pioneras a escala mundial en la implantación de la educación universal a cargo del Estado presente un balance en formación de capital humano inferior a zonas de Asia que partieron de niveles muy inferiores hace medio siglo.

Cambiemos ya de tercio y veamos la botella medio llena. Todos los problemas y deficiencias señalados tienen solución, y su constatación no ha de ser fuente de amargura, de desánimo o de resentimiento, sino un estímulo para dedicarse sin demora a la tarea de solucionarlos y corregirlos. Ante América Latina se dilata un inmenso espacio para la acción, el trabajo y el esfuerzo. La lista de tareas y objetivos es muy larga, y cada uno de ellos merecería varias horas de cuidadosa ponderación y de estimulante debate.

Me limitaré a un telegráfico inventario:

- El perfeccionamiento institucional que asegure un Estado de derecho efectivo.
- La construcción de consensos básicos en torno a los temas de interés regional.
- El impulso a una auténtica independencia de los tres poderes del Estado.
- La creación de partidos políticos internamente democráticos comprometidos con el bien común.
- La integración regional e internacional de las fuerzas políticas.
- Una Administración de tamaño óptimo, eficiente, profesional, a salvo de los vaivenes electorales.
- Una rigurosa disciplina macroeconómica.
- Un entorno normativo y de infraestructuras favorable a la actividad empresarial.
- La seguridad jurídica en los derechos de propiedad y en el cumplimiento de los contratos.
- Un registro de la propiedad completo y preciso.
- El fortalecimiento y la expansión de las clases medias.
- La independencia de los bancos centrales.
- Una reforma tributaria que impida la evasión fiscal, que sea equitativa, que estimule la actividad económica y que reduzca la economía sumergida.
- Una distribución eficaz del gasto público.
- Un combate sin concesiones contra la corrupción, el terrorismo y el crimen organizado.
- La eliminación del clientelismo político.
- La educación como gran prioridad de la región.
- La protección de la propiedad intelectual y de la libertad de creación.

- La apertura comercial huyendo del proteccionismo.
- El aprovechamiento de la dimensión económica de una homogeneidad lingüística geográficamente compacta que abarca a quinientos millones de personas.
- La oposición a que la diversidad étnica y cultural sea un pretexto para romper la unidad del espacio legal y para consagrar excepciones a los derechos fundamentales de los individuos.
- La culminación de los procesos de integración subregional y el avance en la integración regional.
- El fomento de un espacio latinoamericano del conocimiento y de I+D+i.
- Una política regional de prevención de la deforestación y de conservación de la biodiversidad.
- La lucha indesmayable contra la pobreza.

No quiero dejar de mencionar, tras esta relación exhaustiva y asistemática de metas a alcanzar, la conveniencia de consolidar un triángulo de colaboración estratégica AL-UE-USA y la contribución altamente positiva que puede proporcionar a la agenda antes punteada una relación de cooperación y de alianza birregional crecientemente estrecha entre América Latina y la Unión Europea. Las herramientas están disponibles y operativas: las Cumbres y los Consejos Ministeriales AL-UE, la Asamblea Parlamentaria EUROLAT, los instrumentos de cooperación bilateral, los numerosos programas de ayuda al desarrollo que la Unión Europea tiene en marcha en la región, los intercambios en el plano estudiantil y académico... Extraigamos de esta densa y compleja red el máximo provecho, y hagámosla cada vez más amplia y más productiva.

Un ilustre latinoamericano, Octavio Paz, escribió hace tres lustros en su libro *La llama doble*: «Nuestro tiempo es simplista, sumario y brutal. Después de haber caído en la idolatría de los sistemas ideológicos, nuestro siglo ha terminado en la adoración de las cosas.» Y un europeo inolvidable, Jean-François Revel, sentenció en su obra *El conocimiento inútil*, publicada en las mismas fechas: «El hombre común no busca la verdad hasta no haber agotado todas las demás posibilidades.»

Transcurrida casi la primera década del tercer milenio, no creo equivocarme al intuir que un considerable número de latinoamericanos están desengañados de las utopías totalitarias basadas en sistemas omnicomprensivos de explicación del mundo, que no están satisfechos de vivir inmersos en el hedonismo consumista, que se sienten hartos de tantas mentiras vertidas por falsos redentores que han apelado a sus pulsiones primarias y han despreciado su razón. Por ello, ha llegado la hora de que los muchos millones de latinoamericanos y de europeos que queremos vivir en sociedades abiertas inspiradas en los valores de Occidente unamos nuestras fuerzas para detectar y contrarrestar las mentiras, y para buscar y proclamar la verdad. No conozco una causa más noble, no imagino una misión más enaltecedora.

Europa como comunidad de valores

Intervención en el acto de entrega del Premio Mater Salvatoris a los valores éticos, morales y cristianos, en Madrid, el 31 de mayo de 2007

En mi condición de vicepresidente del Parlamento Europeo he creído que un buen tema para mi intervención de esta noche sería precisamente el de Europa entendida como comunidad de valores, Europa como proyecto ético y como visión antropológica.

Porque Europa, que es sin duda un continente, no lo es en el sentido geográfico, como pueden serlo los otros cuatro. Este apéndice occidental de Asia no está separado por ningún océano de la inmensidad que se extiende desde el Pacífico a los Urales, y esta cordillera ni siquiera es una frontera interestatal. Por tanto, no es la geografía la que define a Europa, no es la realidad física la que la ha configurado a lo largo de la historia como un continente merecedor de tal nombre, sino un contenido intangible, un espíritu, una determinada concepción del hombre y de la sociedad. Y es a este espíritu al que quiero referirme muy brevemente, a los principios éticos que inspiran el proyecto de integración europea que, además de su condición de entidad jurídico-política y de mercado unificado, es, sobre todo y por encima de todo, una empresa moral.

El artículo sexto del Tratado de la Unión Europea es inequívoco al respecto, y su punto primero reza literalmente: «La Unión se basa en los principios de libertad, democracia, respeto de los derechos humanos y de las libertades fundamentales y el Estado de derecho, principios que son comunes a los Estados miembros.» Estos principios han inspirado, desde los tiempos seminales de la Comunidad Europea hace medio siglo, las sentencias del Tribunal Europeo de Justicia, están presentes en todas las Constituciones nacionales europeas y son, asimismo, la columna vertebral de la Carta de Derechos Fundamentales de la Unión, proclamada solemnemente por sus jefes de Estado y de gobierno en diciembre del año 2000, un texto breve y rotundo que despliega una de las baterías de derechos políticos, civiles y sociales más avanzadas del globo.

Si tuviéramos que describir la sociedad europea de hoy, lo más adecuado sería hablar de una sociedad democrática pluralista o, lo que es lo mismo, de una sociedad abierta en el sentido teorizado magistralmente por Karl Popper. Una sociedad caracterizada por el respeto a los derechos humanos, la regla de la mayoría, las libertades civiles y políticas, la separación de poderes, la mutua independencia de los ámbitos religioso y civil, la igualdad entre hombre y mujer, el sometimiento de las instancias militares a las civiles, mandatos limitados en el tiempo y revocables de los gobernantes, un sistema de protección social muy desarrollado, y la existencia de una esfera pública de debate y opinión sin interferencias del gobierno.

Esta sociedad pluralista ha sido el fruto de una larga evolución histórica de 2.500 años, en la que han sido ingredientes principales el legado clásico griego y romano, el cristianismo y las Luces. Los europeos de principios del siglo XXI viven y conviven en un clima intelectual y normativo cuyos ingredientes básicos son el racionalismo crítico, la tolerancia y la libertad individual, pero el camino hasta este estadio de nuestra civilización no ha sido rectilíneo y, junto a épocas de brillantes avances, ha sufrido retrocesos y caídas desalentadoras. Sin ir más lejos, el siglo XX europeo ha sido calificado no sin razón como «el siglo de los horrores», y durante su transcurso Europa sufrió la devastación de dos guerras pavorosas, la ignominia del nazismo y la opresión del comunismo soviético.

Cabe preguntarse cómo pueblos capaces de alumbrar los más excelsos productos del arte y la literatura universales y los descubrimientos científicos y técnicos más decisivos pudieron caer tan recientemente en abismos de violencia y barbarie tan escalofriantes. La búsqueda de una respuesta, que ha sido ya objeto de muchas reflexiones, es también uno de los ejes de los excelentes ensayos que habéis presentado al Concurso Mater Salvatoris. Porque efectivamente, como ponéis de relieve en vuestros textos, la búsqueda de esa respuesta está directamente relacionada con la dimensión religiosa del hombre. La civilización occidental, que nació y se desarrolló en Europa, contiene todos los elementos para proporcionar a los seres humanos un modelo de convivencia apto para suministrarles felicidad, dignidad y prosperidad en grados muy notables. Los griegos nos enseñaron a amar la belleza, a poner al hombre como medida de todas las cosas y nos abrieron el camino del conocimiento racional. Los cuerpos espléndidos de sus esculturas, exhibidos sin rebozo alguno, nos muestran el triunfo del humanismo sobre la oscuridad del instinto grupal. En la *Antígona*, de Sófocles, el coro exclama: «El mundo está lleno de maravillas, pero ninguna de ellas es tan maravillosa como el hombre.» El cristianismo nos aportó la conciencia de la dignidad intrínseca del ser humano, que fue creado por Dios a su semejanza, y la revelación capital de que el respeto que debemos a nuestros congéneres deriva de *quiénes* son y no de *qué* son. La Ilustración sentó de manera definitiva el racionalismo crítico como método de análisis de la realidad y la idea del hombre como ser autónomo capaz de autogobernarse y sujeto de derechos universales. Con estos materiales, Europa ha forjado una visión del mundo y de la humanidad, una visión que consiste en un delicado equilibrio entre inmanencia y trascendencia, entre ciencia y fe, entre libertad y vinculación con Dios, entre progreso tecnológico y conservación de la naturaleza. Una senda estrecha que exige constante vigilancia para no caer en los peligros que acechan al abandonarla: el nihilismo, el relativismo moral, el totalitarismo o el fanatismo intolerante.

Porque no debemos olvidar que la esencia de la cultura europea abierta, humanista y pluralista es la libertad. Y, para los europeos, la libertad es el valor que fundamenta todos los demás, una revelación que nos llegó de lo más Alto y que es en sí misma una norma completa de vida: «La verdad os hará libres» es la afirmación clave del Nuevo Testamento. En efecto, para los europeos la verdad y la libertad son inseparables, son dos caras de la misma moneda. Somos libres para buscar la verdad, pero es su búsqueda la que nos hace auténticamente libres. Y aquí el orden de los factores sí altera el producto. En un discurso del actual presidente del gobierno, el redactor de turno incluyó una frase sorprendente, que sin duda pretendía provocar al oyente. El presidente dijo: «La libertad nos hace verdaderos.» Si es el puro ejercicio de nuestro libre albedrío —sin guía alguna que lo oriente, sin referente seguro al que acudir—, el que nos marca la senda hacia las certidumbres últimas, entonces somos una nave sin brújula en medio de la tempestad, una voluntad frágil y permanentemente fluctuante, presa fácil del egoísmo hedonista, del desprecio a nuestros semejantes y de la coyuntura banal.

Y, obviamente, una consecuencia de esta relación secuencial entre verdad y libertad es que nadie ni nada está legitimado para imponer su verdad mediante la coacción o la violencia. Dios ilumina la libertad del hombre, no la destruye. En una sociedad de ciudadanos libres, es decir, en una sociedad pluralista, la religión y el Estado deben ser independientes; y, consiguientemente, una sociedad pluralista ha de ser una sociedad secularizada, en la que las esferas religiosa y civil se respeten y colaboren pero no interfieran la una en la otra. Sin embargo, no hay que confundir la laicidad con el laicismo ni marginar el ámbito de lo trascendente al estrecho reducto de lo individual y privado. Es un hecho comprobado que la escisión de lo humano y lo divino desquicia al hombre, que en su soledad contingente, en palabras de Georges Bernanos, es «aspirado por el vacío». Ahora bien, la anulación de la libertad humana que perpetran los fundamentalismos religiosos es una forma de sacrilegio, porque un Dios que aplasta al hombre, que le rebaja de fin a medio, no puede salvarle.

Vuestros profesores os han enseñado el significado de la libertad y el pluralismo, y estoy seguro de que os han incitado a defenderlos y a practicarlos como valores morales irrenunciables que son, y también os han llamado a rechazar y a combatir la intolerancia y el dogmatismo. Al fin y al cabo, todas las grandes religiones universales comparten el pensamiento de Karl Jaspers de que «la existencia que podemos ser no es real sino unida a la trascendencia que nos hace ser». Y es a partir de lo que nos une como podemos comprender y aceptar las diferencias que nos separan y, al superarlas, trabajar constructivamente para el beneficio de todos.

Tras contemplar la destrucción que dejó la Segunda Guerra Mundial, Gabriel Marcel emitió un juicio sobrecogedor: «Hay heridas que no restañan nunca.» La Unión Europea es la demostración de que la generosidad y la voluntad humanas, impulsadas por nobles ideales —ideales que han sido la contribución decisiva del cristianismo al humanismo tal como hoy lo concebimos—, llegan a apagar los rencores más enconados. El derrumbe de las Torres Gemelas en Nueva York también infligió un daño aparentemente irreparable y cavó un foso de terrible profundidad. Creo que en este acto que estamos celebrando, desde el recuerdo emocionado a todas las víctimas del odio que han muerto y sufrido y que mueren y sufren cada día en Europa y más allá de Europa, es oportuno recordar la esclarecedora intuición de Saint-Exupéry cuando escribió: «Amarse no es contemplarse el uno al otro sino mirar juntos en la misma dirección.» Yo os invito a mirar juntos al futuro, a unir nuestros corazones en dirección a la esperanza, a la mutua comprensión, a la paz y a la unidad de todos los hombres y mujeres de buena y firme voluntad.

Europa es el resultado de la voz sobrecogedora que descendió del cielo entre relámpagos sobre las rocas agrestes del Sinaí, del pensamiento esclarecedor que supo desprenderse de los mitos para iluminar la realidad física con la razón a la sombra de los blancos templos de Asia Menor y, sobre todo, del misterio supremo del Gólgota, ese instante definitivo que rasgó el tiempo y desbordó cualquier espacio para redimirnos para siempre de nuestra contingencia mortal. No lo olvidéis: ésa es nuestra identidad como europeos, una identidad cuya esencia no emana de la raza, ni de la lengua ni de historias más o menos inventadas, una identidad que, a diferencia de lo que estableció Kant, no nos obliga a dejar de pensar para dejar espacio a la fe, una identidad que, en palabras de Benedicto XVI en su polémico y penetrante discurso en la Universidad de Ratisbona en septiembre del año pasado, está impregnada de la certeza de que actuar de acuerdo con el *logos* nos pone en armonía con la naturaleza de Dios.

Multiculturalismo y políticas de inmigración en la Unión Europea

Conferencia pronunciada en la Kazakh State University of Al-Farabi en Kazajstán el 15 de septiembre de 2006

En un país en rápido crecimiento como la República de Kazajstán, la mejor inversión a largo plazo que se puede hacer es en educación. Por eso es digna de aplauso la política de su gobierno, que ha hecho de la formación de capital humano una de sus prioridades. En la región del globo de donde procedo y donde vivo y trabajo, Europa, se concede una gran importancia a este aspecto de la acción pública, y no cabe duda de que la plena escolarización de la población europea, así como el elevado número de jóvenes que realizan estudios superiores, es una de las claves de nuestra prosperidad y competitividad. La Unión Europea, que es, en efecto, una de las áreas del globo de mayor desarrollo, no está sin embargo exenta de problemas, algunos muy acuciantes.

Yo quisiera aprovechar su amable invitación para ofrecerles una pincelada de una amenaza que gravita hoy sobre Europa y que podría en el futuro dar al traste, si no es correctamente neutralizada, con nuestro sistema de convivencia, que, como ustedes sin duda saben, es la democracia pluralista. Me refiero al incremento preocupante que ha experimentado en las últimas décadas el volumen de inmigrantes que, de forma regular o irregular, entran en territorio de la Unión. Los movimientos migratorios son un fenómeno tan antiguo como la especie humana, y la historia abunda en grandes desplazamientos de personas que, en busca de una vida mejor y de nuevas oportunidades, han abandonado sus lugares de origen para probar fortuna en otras tierras. La propia Europa fue un continente de emigrantes en el siglo XIX y en la primera mitad del XX, período en el que decenas de millones de europeos se trasladaron a otros puntos del mundo, especialmente a América, acuciados por la pobreza, el hambre o la ambición. Actualmente la situación se ha invertido, y son innumerables los hombres y las mujeres que, procedentes sobre todo de África, del Medio y el Extremo Oriente y de Iberoamérica, arriban a la Unión Europea por vía aérea, terrestre o marítima con la intención de instalarse allí de manera permanente.

Este flujo inmigratorio no representaría una dificultad, sino que, por el contrario, sería una aportación positiva, si el número de inmigrantes fuese el adecuado para su correcta integración, si su perfil profesional y laboral fuese el idóneo para las necesidades del sistema productivo europeo y si sus valores, su cultura y sus costumbres fuesen compatibles con los propios de las sociedades abiertas que existen en Occidente. Por desgracia, estas tres condiciones no se satisfacen simultáneamente en muchos casos, y en demasiados no se cumple ninguna. No es mi intención darles una conferencia de sociología descriptiva, con cifras detalladas y ejemplos concretos. Me limitaré a unas breves reflexiones de carácter ético-político con el fin de someter a su consideración lo que es a mi juicio la naturaleza profunda de este problema.

Para ello, en primer lugar hemos de dejar claro cuál es el modelo de sociedad al que se incorporan los emigrantes que llegan a Europa. Podríamos describirlo como una sociedad democrática y pluralista o también como una sociedad abierta. Sin duda, su realidad cotidiana abunda en imperfecciones y disfunciones que se apartan del ideal, pero básicamente las costumbres, leyes y hábitos de comportamiento existentes en la Unión Europea se ajustan a los parámetros de la sociedad abierta.

¿Y qué es una sociedad abierta? Uno de sus más conspicuos definidores, Karl Popper, la ha caracterizado mediante tres componentes: el racionalismo crítico, la tolerancia y la libertad individual. La sociedad abierta es sinónima de la sociedad liberal, tal como la configura el liberalismo clásico. Sus elementos principales son la regla de la mayoría, el imperio de la ley, el respeto a los derechos humanos, la igualdad entre hombre y mujer, la separación e independencia de los poderes legislativo, ejecutivo y judicial con un sistema asociado de equilibrios y controles, las libertades civiles y políticas, la economía de mercado, los derechos de propiedad, la separación del poder religioso y del poder civil, el sometimiento del poder militar al poder civil, gobiernos con un mandato temporal y revocable, un espacio público de información, opinión y debate sin interferencias del gobierno y la ausencia de violencia en la resolución de los conflictos.

Pues bien, la pregunta que se formulan hoy no pocos ciudadanos europeos es la siguiente: ¿hasta qué punto se puede abrir la sociedad abierta sin que deje de serlo? O, en otras palabras, ¿cuáles son los límites del pluralismo?, ¿existe un grado de diversidad cultural más allá del cual la sociedad pluralista se desintegra? Estos interrogantes resultan relevantes, porque la incorporación a las sociedades abiertas europeas de millones de inmigrantes con concepciones de la igualdad entre hombre y mujer, de los derechos fundamentales, de la relación entre la religión y el poder político, de la dignidad intrínseca de los seres humanos, de la institución familiar y de la ética del trabajo muy distintas —y a veces contrapuestas— a las que sustentan el edificio institucional y normativo europeo. Y ello crea conflictos sociales y legales que perturban significativamente la convivencia, lo que degenera, en contextos y circunstancias concretos, en violencia o en enfrentamientos muy agrios entre individuos o entre colectividades.

Si queremos situar este asunto en sus justos términos, es esencial comprender la diferencia entre multiculturalismo y pluralismo y cómo el multiculturalismo, entendido y practicado con radicalidad, puede destruir el pluralismo. Éste es un análisis que en una sociedad como la kazaka, compuesta de diferentes religiones, culturas y etnias que conviven en un mismo país y que disfrutan de una ciudadanía común, resulta particularmente interesante. De todos modos, debe quedar claro que no es lo mismo organizar y gestionar una diversidad religiosa, cultural y étnica preexistente, tal como sucede en su país, que administrar la incorporación masiva y rápida de gentes de religión, cultura y etnia distinta, como es el caso de Europa.

El pluralismo como valor es un concepto moderno y genuinamente europeo en su origen. Nació con la Reforma protestante y se configuró definitivamente en la Ilustración. La creencia de que la variedad y no la uniformidad, la diversidad de opiniones y no la unanimidad, y el cambio y no el inmovilismo son cosas buenas y enriquecedoras se adscribe a la cultura pluralista y surge de la idea de tolerancia. Tolerancia y pluralismo no son equivalentes, pero están estrechamente relacionados. La tolerancia respeta valores ajenos, el pluralismo se proclama como un valor en sí mismo. Y éste es un punto esencial, que cambia sustancialmente la cultura política europea.

Hasta el siglo XVII, la división interna del cuerpo político se consideraba una fuente de desorden y perturbación que debilitaba el poder del monarca y la fortaleza del Estado frente a sus enemigos. En mi país, en España, a finales del siglo XV los Reyes Católicos expulsaron a los judíos, y a principios del siglo XVII su tataranieto, el rey Felipe III, expulsó a los moriscos. En la mentalidad de las monarquías absolutas de la época, la existencia en el seno de la comunidad de grupos sociales de religión y costumbres distintas a las mayoritarias era sentida como un defecto que había que corregir y no como una riqueza que se debía preservar. Es a partir de la Ilustración cuando se percibe la diversidad de opiniones y el debate racional entre posiciones distintas e incluso opuestas como un elemento enriquecedor y positivo de la vida social. La civilización liberal-democrática se ha erigido sobre esta idea, absolutamente revolucionaria en su tiempo. Los imperios antiguos, las autocracias, los despotismos buscan la consecución y el mantenimiento de la unanimidad en la sociedad. El sistema político basado en la *concordia discors*, en el consenso construido sobre la discrepancia, es una de las aportaciones más trascendentales de Europa a la cultura política universal.

Muchas sociedades son o han sido plurales, pero eso no

significa que sean pluralistas. Ser plural no es lo mismo que asumir el pluralismo como un activo moral. La sociedad medieval, dividida en estamentos y gremios, el sistema de castas de la India, la fragmentación tribal africana son ejemplos de heterogeneidad y pluralidad social, pero no representan comunidades pluralistas en las que el pluralismo se entienda como un valor.

Obviamente, el pluralismo incluye el respeto a la diversidad cultural allí donde existe. Pero el pluralismo no consiste en fabricarla y mucho menos en exacerbarla, lo que suele provocar la aparición de guetos. Un multiculturalismo separador, agresivo e intolerante es incompatible con el pluralismo porque uno de los objetivos de éste es asegurar la paz y la armonía entre las diferentes etnias, culturas y religiones. El pluralismo es, como ya he señalado, una nota esencial de la sociedad abierta que refleja un orden espontáneo en el sentido teorizado por Hayek y que, por supuesto, respeta la diversidad cultural existente y preexistente. La impermeabilidad de las culturas no encaja con el pluralismo, que tiende a la interculturalidad e incluso a la transculturalidad.

Los multiculturalistas hablan de políticas de reconocimiento, pero, en las sociedades pluralistas, éste ha de ser recíproco, no unidireccional. La polémica en algunas universidades norteamericanas sobre la enseñanza en los Departamentos de Literatura de autores blancos, varones y muertos, como Homero, Dante, Shakespeare o Dostoievski, indica hasta qué punto la corriente multiculturalista puede incurrir en el disparate y conducir a la incultura. Limitar el programa del curso académico a autoras mujeres, vivas y afroamericanas no es combatir la opresión cultural; es practicar el odio cultural y fabricar iletrados. La reivindicación rabiosa de una superioridad cultural alternativa basada en la identidad étnica es lo contrario al pluralismo, además de una estupidez. Hay identidades involuntarias que nos vienen impuestas, como la raza o el sexo. Se nace con un color de piel, al igual que se nace hombre o mujer, y ésos son rasgos muy difíciles de cambiar. Pero no se nace socialista o vegetariano. Ésas son identidades voluntarias. En la sociedad pluralista, el reconocimiento recíproco vale tanto para las unas como para las otras. Los multiculturalistas, en cambio, tribalizan la colectividad y la fragmentan en identidades impuestas irreconciliables. Además, hay rasgos identitarios que los multiculturalistas consideran inamovibles, como la religión o la lengua, que en una sociedad pluralista son opciones libres. Se pueden aprender otros idiomas, o cambiar de idioma habitual, de la misma forma que se puede abandonar una creencia para adoptar otra o simplemente prescindir de toda práctica religiosa sin que ello deba acarrear ningún castigo o condena social.

La democracia pluralista es un tipo de sociedad muy especial que requiere por parte de sus integrantes una cultura política y una estructura mental y moral también muy peculiar. La sociedad pluralista ha de ser, por ejemplo, una sociedad secularizada. La identificación del Estado con una fe religiosa oficial dificulta en buena medida el pluralismo. Otro aspecto curioso que no resulta de evidente comprensión para los procedentes de otras culturas distintas a la occidental es la doble presencia en las democracias pluralistas del conflicto y del consenso en permanente interacción sin que ello desemboque en ruptura. No se trata del conflicto irresoluble descrito por Hobbes para justificar la necesidad de un Leviatán ni del consenso permanente entre partidos reclamado por Hume y por Madison. En las democracias pluralistas ha de existir consenso sobre un conjunto de valores básicos que inspiren la legislación, tales como la libertad, la solidaridad, la justicia y la igualdad, y sobre los principios morales elementales que deben impregnar la vida en común, como el respeto de los derechos fundamentales, la dignidad intrínseca de la persona, el respeto a los compromisos adquiridos, etc. La abolición de la pena de muerte o la prohibición de la tortura serían elementos derivados de este acervo ético.

Asimismo, ha de formularse un acuerdo sobre las reglas de resolución de los conflictos, la regla de la mayoría, la separación de poderes, el imperio de la ley, los *checks and balances*... A partir de este consenso sobre lo fundamental, la discrepancia sobre políticas concretas, educación, sanidad, pensiones, transportes, inmigración o seguridad posibilita el debate democrático. Las Constituciones modernas de las democracias son la expresión normativa del consenso sobre los valores, los principios y las reglas básicos. Este consenso sobre lo fundamental garantiza la viabilidad de la sociedad pluralista. Conviene no olvidar que la regla de la mayoría no debe aplicarse como la tiranía de los votos que temían Stuart Mill o Tocqueville. Se trata, simplemente, de un método de toma de decisiones que ha de someterse al respeto de las minorías y al marco constitucional.

Otro factor distintivo de la sociedad pluralista es la ausencia de coacción y de violencia. La rotación en el poder se realiza de forma pacífica, y el que pierde las elecciones ejerce la oposición o se va a su casa sin que peligren su vida o sus bienes. La esfera privada de los individuos queda protegida y los distintos ámbitos de la actividad humana —religioso, político, económico, familiar— se desarrollan por separado. La negativa del candidato perdedor de las últimas elecciones presidenciales mexicanas a aceptar su derrota, así como sus intentos de tomar el poder mediante la subversión popular, o el anuncio por parte del presidente de Venezuela de que se propone organizar un referendo para dotar a su mandato de carácter vitalicio, son dos ejemplos actuales de vulneración de las reglas de la sociedad pluralista. Semejantes comportamientos son simplemente impensables en un dirigente político de cualquier Estado miembro de la Unión Europea.

Un punto algo más sutil es el de la estructura interna de las sociedades pluralistas, que no tiene nada que ver con la que los multiculturalistas consideran apropiada. En una sociedad pluralista aparecen de forma espontánea múltiples asociaciones de carácter voluntario que están abiertas a todos los que deseen pertenecer a ellas. Las líneas de división son cruzadas, *cross-cutting cleavages*, con lo que las múltiples afiliaciones y lealtades crean un pluralismo efectivo. Así, ciudadanos europeos de diferentes religiones y razas pueden ser miembros de un mismo partido político, los socios de una asociación étnica pueden tener adscripciones políticas diversas o los adheridos a una ONG de protección de los animales pueden militar en otras organizaciones sociales con fines no coincidentes entre sí. En cambio, aquellas sociedades compuestas por grupos constituidos en función de la raza, la religión, la tribu o la casta no son pluralistas en el sentido aquí expuesto. Cuando las líneas de separación se superponen y se refuerzan entre sí en grupos caracterizados por una identidad a la vez étnica, religiosa y lingüística, la sociedad queda fragmentada, pero no es pluralista. La paz social se ve amenazada si estos colectivos cerrados se vuelven agresivos y hostiles unos respecto a los otros.

La semilla del pluralismo es la tolerancia, pero «tolerancia» no significa «relativismo» o «indiferencia». El tolerante posee principios y opiniones propios, que sustenta con gran firmeza. Sin embargo, acepta que otros tengan creencias y visiones distintas a la suya y, por lo tanto, equivocadas desde su perspectiva. La tolerancia tampoco es infinitamente elástica y tiene sus límites, marcados por tres criterios: a) si algo se considera intolerable, hay que razonar los motivos, es decir, la tolerancia está reñida con el dogmatismo; b) no estamos obligados a tolerar aquello que nos causa un daño o nos perjudica, el llamado *harm principle*, y c) si nosotros toleramos, tenemos derecho a que nos toleren: el principio de reciprocidad.

Detengámonos ahora en un punto clave en nuestra reflexión sobre la antinomia que constituyen pluralismo y multiculturalismo. Me refiero a la dimensión comunitaria de los seres humanos, al instinto profundo y primordial que los impulsa a unirse con otros en grupos estables definidos por rasgos comunes. Los antiguos griegos se referían a la *koinonía*, y uno de los padres de la sociología moderna, Ferdinand Tönnies, acuñó el término *Gemeinschaft*, «comunidad», como opuesto a *Gesellschaft*, «sociedad». Inicialmente los hombres vivían en pequeños grupos de cazadores-recolectores en los que la relación era directa, estrecha, cara a cara, casi simbiótica, y garantizaba la protección, la alimentación, la reproducción y, en suma, la supervivencia. La tribu primitiva, la polis griega, la pequeña aldea medieval, las comunidades puritanas de Nueva Inglaterra son ejemplos de microcolectividades homogéneas en las que el vínculo entre sus integrantes era muy estrecho y prácticamente se conocían todos. A lo largo de la historia surgieron comunidades simbólicas cada vez más grandes, pero que seguían operando como marcadores de identidad, *identity markers*.

En cambio, el moderno Estado-nación, la Umma musulmana, la Unión Europea, están formadas por millones de personas que comparten una identidad diferenciada que les permite distinguir entre «nosotros» y «ellos». Sin llegar al esquema de amigo-enemigo, *freund und feind*, de Carl Schmitt, los seres humanos necesitamos una identidad, identidad que implica alteridad. Por tanto, el instinto grupal es consustancial a nuestra especie y la identidad del grupo nos acompaña inevitablemente. El problema no es la identidad étnica, cultural o religiosa, que es un dato que está ahí y que nos viene dado, sino el lugar que le asignamos en la escala axiológica. Cuando la identidad étnica, lingüística o religiosa se convierte en el valor supremo al que todos los demás —libertad, igualdad, justicia— han de supeditarse, la comunidad pluralista queda aniquilada y la barbarie acecha.

Volviendo a la inmigración, la llegada masiva de inmigrantes portadores de identidades muy intensas a una sociedad pluralista, en la que la identidad étnica o religiosa se ha relativizado y no es el elemento de cohesión determinante, puede amenazar seriamente el pluralismo. Es frecuente evocar el caso de los Estados Unidos como nación forjada por los emigrantes. En efecto, entre 1845 y 1925 cincuenta millones de personas de las más diversas razas, lenguas, religiones y culturas procedentes de los más variados lugares del planeta acudieron a Norteamérica atraídas por su reputación de tierra de oportunidades. Sólo en la primera década del siglo XX fueron casi diez millones. Pero los Estados Unidos eran un inmenso espacio vacío que permitía la continua expansión hacia el Oeste desde la costa atlántica y donde los recién llegados encontraban un modelo social y político fuertemente articulado en torno a la lengua inglesa, la Constitución y el *American dream*. Y este crisol común, el famoso *melting pot*, había sido creado por una pequeña élite de hombres blancos, protestantes, ilustrados y acendradamente religiosos, que, en un momento estelar de la historia de la humanidad, decidieron rebelarse contra la tiranía y engendrar una nueva nación fundamentada en la libertad. El resto de los futuros norteamericanos que se iban sumando a esta ambiciosa y apasionante empresa aceptaban incorporarse a esta matriz unificadora y, sin renunciar a sus particulares culturas o creencias, aprendían el inglés, juraban la Constitución y se colocaban al amparo de la enseña de las barras y estrellas. La Europa actual no es asimilable a los Estados Unidos porque su territorio está lleno de gente, porque en un pasado todavía reciente algunas de sus naciones —España, Italia, Irlanda, Suecia— fueron países de emigración, y porque un porcentaje apreciable de los inmigrantes que la inundan vienen equipados con sus propios valores e ideales de vida, que a menudo colisionan frontalmente con los de las sociedades europeas que los reciben.

Aunque pueda sonar antipático, no todos los inmigrantes son igualmente integrables en la Unión Europea. Los asiáticos procedentes de Extremo Oriente —chinos, coreanos, vietnamitas, así como los hindúes— no son en general problemáticos. Pese a que su integración cultural es a veces baja y que tienden a formar subgrupos sociales cerrados, su ética del trabajo y la ausencia de fanatismo religioso o de afán proselitista en estos colectivos los hace relativamente fáciles de acomodar en la sociedad pluralista. Otra cosa son los inmigrantes de religión islámica procedentes del Magreb, del África subsahariana, de Pakistán o del Próximo Oriente. Su presencia genera conflictos porque ciertas interpretaciones y corrientes del islam son teocráticas, no separan el poder civil del religioso y no respetan los derechos humanos tal como se entienden en Occidente. Además, muchos musulmanes ven a los occidentales como infieles, apreciación que ya no se da a la inversa. En Occidente, el derecho es autónomo, no se basa en las Sagradas Escrituras. En el mundo musulmán, el derecho emana del Corán, lo que hace su evolución y modernización más difícil. No es que la ley islámica no pueda ir adaptándose a los cambios tecnológicos y sociales, pero su sometimiento permanente a un texto sagrado e inamovible le presta una rigidez susceptible de revisiones regresivas de tipo fundamentalista que no se dan en el derecho occidental.

Esta identificación del poder religioso con el civil dificulta la creación de Estados laicos allí donde impera. Turquía es una excepción, y los demás Estados de población musulmana son todos islámicos en una gradación de intensidad que va desde extremos como Arabia Saudí e Irán hasta enfoques más moderados como Túnez o Jordania. A muchos musulmanes que emigran a Europa las libertades, el laicismo, la desinhibición sexual, la igualdad entre hombres y mujeres les resultan rechazables o aberrantes. Además, sucede con frecuencia que la mezquita no sólo es un lugar de oración, sino que los clérigos fundamentalistas la utilizan como centro de adoctrinamiento político o ideológico y de control de los fieles. El policentrismo y la capilaridad social de la religión musulmana prestan una eficacia considerable a su implantación. Numerosos adeptos al islam no disponen, una vez ubicados en un contexto social y normativo que les resulta extraño, pecaminoso o chocante, de otro mecanismo de defensa cultural que su fe, lo que los radicaliza y los transforma en hostiles a las instituciones y costumbres del país de acogida.

El pluralismo implica aceptar a gentes culturalmente diferentes, pero no exponerse inerme a enemigos culturales. De la misma forma que una democracia liberal no puede permitir partidos políticos cuyo objetivo sea la implantación de un régimen totalitario y la destrucción de la democracia, una comunidad pluralista no puede incorporar sin grave riesgo a extranjeros con valores y hábitos de conducta opuestos al pluralismo. La reciprocidad es clave. No hay por qué tolerar a quien no nos tolera. El que llega por su propia voluntad sin haber sido llamado debe respetar los valores y las leyes de la sociedad que le acoge. Por tanto, llega un punto en que la diversidad cultural no es un enriquecimiento, sino una amenaza.

Para apercibirse de la naturaleza maligna del multiculturalismo hay que entender a qué llaman «cultura» los multiculturalistas. Para ellos, la cultura no es la «alta cultura» ni un determinado mundo simbólico ni un conjunto de hábitos de comportamiento ni una concreta cultura política. Los multiculturalistas consideran que una cultura es una identidad presuntamente amenazada, ya sea lingüística, religiosa, étnica o sexual. Por eso las feministas radicales son multiculturalistas y se refieren a la condición de mujer como una cultura, sometida a sus ojos a discriminación por parte de los hombres, con lo que ponen en evidencia que el multiculturalismo es un proyecto ideológico con profundas consecuencias políticas.

La tesis de los multiculturalistas es que la identidad exige reconocimiento y que la ausencia de reconocimiento es opresión. Este planteamiento enlaza con el concepto de «violencia estructural» de Galtung y con la idea de Foucault y de Derrida de que los juicios de valor siempre se fundamentan en último término en criterios impuestos por las estructuras de poder. Habría entonces dos opciones: prescindir de todo juicio de valor, con lo que la existencia humana se desarrolla en un vacío angustioso en el que cualquier monstruosidad es posible; o eliminar todas las estructuras de poder, con lo que la sociedad se precipita a la anarquía y al caos.

Un postulado central del multiculturalismo es que todas las culturas tienen el mismo valor y, por consiguiente, todas merecen el mismo respeto. Se atribuye al escritor norteamericano Saul Bellow una frase —probablemente apócrifa— que resume en su crudeza la visión opuesta: «Cuando los zulúes produzcan un Tolstói, lo leeremos.» Para los multiculturalistas, esta exhibición desafiante de soberbia cultural y de etnocentrismo blanco resulta inaceptable, con lo que se supone que bastaría sustituir a Tolstói por Confucio en la *boutade* para que se apagasen sus iras progresistas. Ahora bien, las culturas evolucionan y cambian, y pasan por etapas de decadencia y de esplendor. Un tratamiento estático carece de sentido, sin perjuicio de que puede que todas las culturas merezcan respeto, pero es más que discutible que todas tengan el mismo valor. La mutilación genital femenina, la lapidación de las adúlteras, la ejecución de los apóstatas o los matrimonios convenidos sin consentimiento de los contrayentes no parece que configuren culturas de igual valor que la inspirada por el humanismo ilustrado y liberal. Aquellas culturas que incrementan la esperanza de vida de las personas, que salvaguardan su dignidad, que proporcionan prosperidad y comodidades, que incitan a la solidaridad y que respetan la autonomía individual no se sitúan en el mismo nivel que las que condenan a sus miembros a la miseria o tratan a los seres humanos de forma degradante. Además, si todas las culturas tienen el mismo valor, el concepto mismo de valor pierde todo su sentido.

Entre los individuos que componen la sociedad hay muchas diferencias: de renta, de raza, de lengua, de religión, de sexo, de estado de salud, de belleza, de estatura, de carácter, etc. ¿Por qué determinadas diferencias llegan a ser políticamente trascendentes mientras otras se consideran irrelevantes? En el caso de la acción afirmativa, se discrimina positivamente a aquellos que en el pasado han sido injustamente desfavorecidos, como sucedió en la época de la esclavitud en Estados Unidos. El multiculturalismo, en cambio, selecciona las diferencias más aptas para la movilización electoral o para la manipulación política. Frecuentemente, se fabrican primero las identidades y posteriormente se las hace objeto de reivindicaciones. Los movimientos indigenistas en América Latina corresponden a este tipo de estrategias multiculturalistas. No se puede reclamar respeto a una identidad si ésta no es sentida por la gente. Recuerdo haber oído decir lo siguiente a una mujer acendradamente nacionalista en el País Vasco, pero castellanohablante: «Qué desgracia, no sé hablar mi propia lengua», refiriéndose al vascuence. Esta anécdota refleja perfectamente la artificialidad grotesca de determinados separatismos basados en la invención de naciones.

Otro efecto nocivo del multiculturalismo es la quiebra de los principios de generalidad de la ley y de igualdad de todos los ciudadanos ante ésta. Uno de los elementos clave del Estado democrático de derecho es precisamente que la ley rige para todos los ciudadanos y que afecta a todos por igual. Si hay excepciones, son limitadas y justificadas por causas contempladas en la propia ley en virtud de sus fines. La lapidaria sentencia de Cicerón resuena plenamente vigente veinte siglos después de haber sido pronunciada: «Para ser libres, hemos de ser esclavos de la ley.» Rousseau remacha la misma idea en sus *Cartas escritas desde la montaña*: «Todos temen las excepciones, y quien teme la excepción ama la ley.» O en el *Discurso sobre el origen y los fundamentos de la desigualdad entre los hombres*: «Allí donde disminuye el vigor de las leyes, no puede haber seguridad ni libertad para nadie.» Los gobiernos democráticos, como es evidente, no son ideológicamente neutrales, y en la medida en que tienen un determinado color político las leyes que impulsan tampoco lo son. Pero sí son generales, y ningún ciudadano —del más rico al más modesto, del más sabio al más ignorante, del más poderoso al más débil— escapa a su cumplimiento. En contraste, en las políticas reclamadas por los multiculturalistas las leyes son distintas para grupos sociales concretos, dependiendo de su origen étnico o de la religión que profesan. Cuestiones tales como la poligamia, las sanciones penales, el papel de la religión en la sociedad o los derechos civiles de las mujeres no pueden recibir un tratamiento distinto en las leyes de un Estado de derecho en función de la raza o de las creencias del justiciable.

Los derechos de ciudadanía deben ser iguales para todos. El multiculturalismo introduce ciudadanías diferenciadas y acaba con la sociedad abierta, porque una sociedad segmentada en ciudadanías distintas, con derechos y deberes que cambian con la adscripción étnica o religiosa, no es una comunidad pluralista sino una amalgama de tribus. Los derechos de los ciudadanos son políticos, civiles y sociales. La adición de derechos étnicos descompone la sociedad en grupos cerrados y la desintegra. En la Edad Media, en Europa no había derechos, sino privilegios estamentales. El multiculturalismo nos devuelve, una vez abolida la servidumbre de la gleba, a la servidumbre de la etnia.

Europa tiene, pues, un problema de muy difícil solución, porque el número potencial de inmigrantes es enorme y por mucho que se lleven a cabo regularizaciones masivas el flujo entrante no disminuye, sino que, por el contrario, se incrementa. No se puede parar la crecida de un río bebiendo más agua. Europa tiene una elevada densidad demográfica, su déficit no es de gente. Lo que sucede es que los europeos se han hecho ricos, disfrutan de un sistema de protección social muy bien dotado y no quieren realizar determinados trabajos pesados y pobremente remunerados. La ingenua teoría de que basta otorgar la ciudadanía para integrar es errónea. Los jóvenes musulmanes que se lanzaron a la calle en Francia hace un año, destruyeron mobiliario urbano y quemaron miles de vehículos habían nacido en el país y eran ciudadanos franceses. Los autores de los terribles atentados en el metro de Londres el 7 de julio de 2005 eran de origen pakistaní, pero tenían pasaporte británico y se habían educado en Inglaterra. Si se concede la ciudadanía de manera apresurada a inmigrantes no integrados o, lo que es peor, no integrables, se corre el peligro de crear enclaves de contraciudadanos. La concesión del derecho de voto no previene por sí misma actitudes hostiles hacia la sociedad de acogida y sus valores, e implica el riesgo de consolidar en su seno núcleos de agresión a dichos valores y de hacerlos más vulnerables.

Ustedes y su gran país son un ejemplo para el resto del mundo de convivencia pacífica de una gran variedad de etnias, culturas, lenguas y religiones, lo que demuestra su sentido común y el acierto de las políticas pluralistas de su gobierno. Ojalá esta demostración práctica de que es posible la armonía entre diferentes culturas y creencias irradie como un faro su luz sobre un planeta en el que proliferan los conflictos étnicos y el fanatismo sanguinario. Esta semana he tenido el honor de representar al Parlamento Europeo en el II Congreso de Líderes Religiosos celebrado en el palacio de la Paz, esa maravilla arquitectónica que ha colocado a su capital, Astana, entre las ciudades emblemáticas del globo. Acontecimientos de tanto alcance y significado honran al país que los organiza y abren un camino de esperanza para la humanidad. Pero ustedes, que hoy dedican un meritorio esfuerzo a prepararse para ser los líderes de su sociedad en el futuro, no deben olvidar que el multiculturalismo es una ideología perniciosa que tiene como objetivo exacerbar las diferencias allí donde existen, crearlas donde no las hay, multiplicarlas, cerrarlas y enfrentarlas. Para expresarlo claramente: el multiculturalismo no es una extensión del pluralismo, sino su perversión, y no hace sino anularlo y negarlo.

La Europa moderna, abierta, democrática y tolerante no nació del multiculturalismo, sino del interculturalismo, que fue el catalizador del pluralismo. El multiculturalismo ha engendrado a finales del siglo pasado los horrores de la Bosnia martirizada por el genocidio o del Afganistán de los talibanes. El pluralismo inspira al Kazajstán de principios del siglo XXI y al proyecto de integración transnacional y supranacional que se plasma en la Unión Europea. Por todo ello, a pesar de la distancia geográfica, que es muy grande, la proximidad espiritual entre ustedes —ciudadanos de Kazajstán— y los ciudadanos europeos —que tengo el honor de representar— es confortadoramente estrecha. Kazajstán y la Unión Europea están llamados a trabajar juntos al servicio de la paz, la seguridad y la libertad de todos los seres humanos. El número de personas empeñadas en construir esta ambiciosa alianza entre su país y Europa crece esperanzadoramente aquí y en Bruselas. Yo les invito a sumarse a esta empresa.